Anita Gaffron

Auf dem Weg nach Bethlehem

Anita Gaffron

Autorin, Mutter von 6 Kindern, Tagesmutter, langjährige Praxiserfahrung in der religionspädagogischen Arbeit und Referentin für religionspädagogisches Arbeiten mit Kindern

Das Werk und seine Teile sind urheberrechtlich geschützt.
Jede Nutzung in anderen als den gesetzlich zugelassenen Fällen bedarf der vorherigen schriftlichen Einwilligung des Verlages.
Hinweis zu § 52a UrhG: Weder das Werk noch seine Teile dürfen ohne eine solche Einwilligung eingescannt und in ein Netzwerk eingestellt werden.
Dies gilt auch für Intranets von Schulen und sonstigen Bildungseinrichtungen.

© 2016   didactus Verlag – Kempten

Autorin:	Anita Gaffron
Layout/Fotografie/ Satz:	Carmen Schöll
Fotografie und Bildnachweise:	Bildarchiv didactus - Fotos fotolia.com sowie Gaffron, Anita

Verlagskontakt:

Beim Thingerstobel 16
87439 Kempten
Tel. +49 (0) 831/5237608   Fax +49 (0) 831/5237609
e-Mail: didactus@web.de   http://www.didactus.com
Printed in Germany

ISBN 978-3-941567-443

Zu dieser Buchreihe

Viele Eltern und Erzieher würden ihren Kindern gerne mehr biblische Geschichten erzählen.
Aber wo fängt man an und wo hört man auf?
Kann ich eine Geschichte aus der Bibel erzählen, ohne etwas falsch zu machen?
Und wie kann ich sie umsetzen, so dass sie bei den Kindern ankommt
und die Kinder sie buchstäblich begreifen?
Diese Fragen und Schwierigkeiten begegnen mir im Kontakt mit Mitarbeitern in der Kinderkirche
oder auch im Kindergarten immer wieder und mit dieser Buchreihe möchte ich Ihnen eine kleine
Hilfestellung an die Hand geben:

Zum einen ist es mir wichtig, Ihnen Mut zu machen, sich zu trauen,
den Kindern biblische Geschichten zu erzählen.
Die Bibel beinhaltet einen unendlich reichen Schatz an Geschichten.
Ja, Jesus selbst war ein wunderbarer Geschichtenerzähler und alleine durch seine Geschichten
hat er viele Menschen in seinen Bann gezogen.
Zum anderen möchte ich Ihnen praktische Umsetzungsmöglichkeiten an die Hand geben,
um die biblischen Geschichten lebendig und kreativ zu erzählen.
Diese Buchreihe wird sich nach und nach so ergänzen, dass Sie im Kindergarten,
im Kindergottesdienst, in der Kinderkirche oder in der Familie einen Leitfaden
durch das Jahr bekommen – ausgestattet mit kindgerechten biblischen Geschichten,
die Sie entweder anhand der Bildkarten einfach nacherzählen oder auch vorlesen können
oder vielleicht selbst weiter ausschmücken und fortführen können.
Es ist nicht nötig, dass wir als Eltern, Erzieher oder Mitarbeiter der Kinderkirche
biblische Geschichten auslegen. Niemand erwartet von uns theologisches Fachwissen.
Wir brauchen keine Predigten schreiben. Um einen Glauben in Kinderherzen einzupflanzen
oder wachsen zu lassen, ist es notwendig, dass wir Kindern immer wieder Geschichten von Gott
und Jesus erzählen. Dadurch können wir sie be-GEIST-ern für die Liebe Gottes zu uns Menschen.
Und zu keinem anderen Zeitpunkt lassen sich Menschen so leicht von einer Idee,
von einem Glauben, von einer Kraft, anstecken wie im Kindesalter.
Ich hoffe, diese Buchreihe wird ihren kleinen Beitrag dazu leisten, biblische Geschichten in ihrer
praktischen Umsetzung etwas „leichter" zu gestalten. Sehen Sie diese Bücher als Arbeitshilfe,
um den ihnen anvertrauten Kindern etwas von Gottes großer Liebe zu erzählen.

Zu diesem Buch

Wenn Sie Bücher über Weihnachten in einer Buchhandlung suchen, werden Sie auf ein reichliches Angebot treffen, vielleicht sogar ein Überangebot?! Die Menschen, vor allem die Kinder, lieben das Weihnachtsfest. An Weihnachten feiern wir die Geburt von Jesus Christus. Und es ist gut, richtig und schön, dass wir dies tun. Immer noch, nach über 2000 Jahren, berührt dieses Ereignis unser Herz. Auch wenn für die Theologen Ostern oder Pfingsten die vielleicht weitaus wichtigeren Feste sind, so ist Weihnachten das Fest der Gläubigen und vor allem auch der Kleinen. Wenn Sie Kinder fragen, welche Feste sie im Jahr am liebsten haben, so werden wohl die meisten antworten: „Weihnachten und meinen Geburtstag". Weihnachten und Geburtstage haben mit dem Wunder des Lebens zu tun. Beide Feste feiern die Geburten von Menschen, von einmaligen und wertvollen Geschöpfen. Und diese Feste mit all ihren Traditionen und liebgewonnenen Eigenheiten zu feiern, gibt uns festen Halt im Jahreskreis und bleibende Erinnerungen an unsere Kindheit. Jeder von uns weiß, wie wir früher Weihnachten gefeiert haben. Jeder kann sich an Christbäume, Kerzen, Plätzchenduft, Weihnachtslieder und Gottesdienste erinnern.

Leider haben wir heutzutage oft das Gefühl, dass uns viele Traditionen nichts mehr bedeuten, dass sie nicht mehr wichtig sind, dass das Neue auch das Bessere sei. Merkwürdigerweise haben wir das Gefühl an Weihnachten nicht. Wir hören sie immer noch gerne, die Geschichte von der Geburt Jesu Christi im Stall und von den armen Hirten, denen in der Nacht die Engel erschienen sind, um ihnen die frohe Botschaft zu verkünden. Wir singen sie immer noch gerne, die traditionellen Weihnachtslieder: „Stille Nacht, heilige Nacht", oder „Ihr Kinderlein kommet". Und wir sehen sie immer noch gerne: die traditionelle Weihnachtskrippe, den geschmückten Tannenbaum und die vielen Kerzen, die unser Herz berühren. Das ist Weihnachten. Weihnachten können wir nicht nur in der Bibel lesen und davon hören, wir können es sehen und schmecken, wir können es singen und beten, UND wir können es fühlen. Deshalb berührt es unser Herz. Deshalb lieben wir es.
Genau deshalb werden Sie auch unendlich viel Literatur zu diesem Thema finden. Weil es die Menschen eben berührt und uns nahe ist. Weil wir etwas feiern, was eigentlich alltäglich und doch etwas ganz Besonderes ist: die Geburt eines Kindes. In diesem Fall aber nicht irgendeines Kindes, sondern die Geburt des Kindes Gottes.

Weihnachten bringt uns aber nicht nur positive Gefühle und Erinnerungen. In einer Zeit, in der wir zur Ruhe kommen wollen, kämpfen wir mit einem vollen Terminkalender, mit einer Vielzahl an Weihnachtsfeiern, Konzertbesuchen, Weihnachtsmärkten und mehr. Weihnachten ist auch zu einem Fest des Überangebotes geworden: ein Überangebot an Terminen, an Büchern, an Essen, an Feierlichkeiten, an Spendenaufrufen,… In dem Bemühen, die Weihnachtstage zu einem besonderen Highlight des Jahres zu gestalten, wird die Zeit umso knapper, weil Geschenke besorgt, Plätzchen gebacken, ein Festmahl gekocht und der Christbaum geschmückt werden muss. Dabei vergessen wir manchmal sogar warum wir Weihnachten feiern.

Und immer wenn Erwartungen besonders hoch sind, bleiben auch Enttäuschungen nicht aus: Die Einsamkeit ist umso stärker spürbar, weil sich die Kinder keine Zeit für einen Besuch bei den Eltern nehmen, ist die Frustration umso größer, weil das Geschenk in seiner Größe und Bedeutung der Erwartungshaltung hinterherhinkt und ist die Enttäuschung riesig, weil am Fest des Friedens jeder Familienstreit zu einem großen Problem wird und den eigenen Lebensentwurf dadurch plötzlich in Frage stellt.

Wir als Erwachsene sollten uns bemühen, unseren Kindern den Ursprung von Weihnachten nahe zu bringen, ihnen zu erzählen, warum wir Weihnachten feiern und was die Bibel uns davon erzählt. Dazu möge dieses Büchlein dienen.

Anita Gaffrou

Zur Übersicht

Die einzelnen Kapitel sind IMMER nach gleichem Schema aufgebaut.
Zur leichteren Orientierung finden Sie folgende Symbole am Rande:

 Der Bibeltext

 Vertiefungsmöglichkeit (Rätsel, Spiel,...)

 Was mir an der Erzählung wichtig ist

 Liedvorschläge

 Was mein Herz berührt

 Gebet zur Geschichte

 Die Erzählung

 Materialien, die Sie auf der CD-Rom finden

 Die Methode

INHALT

Eine unglaubliche Nachricht	Seite	11
Josef muss sich entscheiden	Seite	23
Die Nachricht des Kaisers	Seite	31
Auf dem Weg nach Bethlehem	Seite	37
Wo können wir schlafen?	Seite	45
Uns ist ein Kind geboren	Seite	55
Und es waren Hirten auf dem Felde	Seite	63
Zwei Schäfchen auf dem Weg zur Krippe	Seite	71
Und sie fanden das Kind in einer Krippe	Seite	78
Ein Stern zeigt uns den Weg: Die Weisen aus dem Morgenland	Seite	84
Und sie taten ihre Schätze auf	Seite	94
Jesus ist da, das Warten hat ein Ende	Seite	99
Der zwölfjährige Jesus im Tempel	Seite	112

Übersicht über die Geschichten „Auf dem Weg nach Bethlehem"
und kurze Begründung der von mir vorgenommenen zeitlichen Einordung

Meine Geschichtenreihe beginnt mit der Erzählung von der Verkündigung Marias durch den Engel. Dieses Fest wird eigentlich am 25. März gefeiert – sprich 10 Monate vor Jesu Geburt. Damit die Kinder diese Geschichte aber in einem Zusammenhang mit der Weihnachtsgeschichte erfahren können, ist es aus meiner Sicht nötig, sie zeitlich näher an Weihnachten „hinzurücken". Deshalb findet diese Geschichte kurz vor der Adventszeit ihren Platz. Die Erzählung um Josefs Entscheidungsprozess bei Maria zu bleiben, folgt im Anschluss. Dann werden die vier Geschichten bis zu Jesus Geburt erzählt. Es wird Sie vielleicht verwundern, dass die Geschichte „Uns ist ein Kind geboren" bereits 3 Wochen vor Weihnachten ihren Platz gefunden hat. Allerdings ist in der Heiligen Nacht so viel geschehen, dass es schwierig wäre, alle Aspekte in einer einzigen Erzählung zusammenzufassen. Um die einzelnen Geschichten, die in dieser Nacht geschehen sind („Uns ist ein Kind geboren"; „Und es waren Hirten auf dem Felde"; „Zwei Schäfchen unterwegs zur Krippe" sowie „Und fanden das Kind in einer Krippe") zu verstehen und zu begreifen, braucht es kurze, intensive Geschichten, die die einzelnen Personen und Ereignisse auf ihre ganz individuelle Art und Weise beleuchten. An der Weihnachtsfeier können diese Erzählungen dann zusammengefasst wiederholt werden.

Nach den Weihnachtsfeiertagen oder auch nach den –ferien können dann die Geschichten von den Weisen aus dem Morgenland erzählt werden. Abgerundet wird die Weihnachtszeit dann mit den Erzählungen von Simeon, dem zwölfjährigen Jesus im Tempel und der Taufe Jesu, die auch theologisch die „Geburt von Jesus" bedeutet.

Auf der folgenden Seite finden Sie einen zeitlichen Verlaufsplan, der einen Überblick über die im Buch vorhandenen Geschichten verschafft.
Diesen finden Sie auf der CD-Rom großformatig zum Ausdrucken, so dass er Ihnen bei der Planung Ihrer Arbeit gute Hilfe sein kann.

Der „Weg nach Bethlehem" und Geschichten hierzu im zeitlichen Überblick

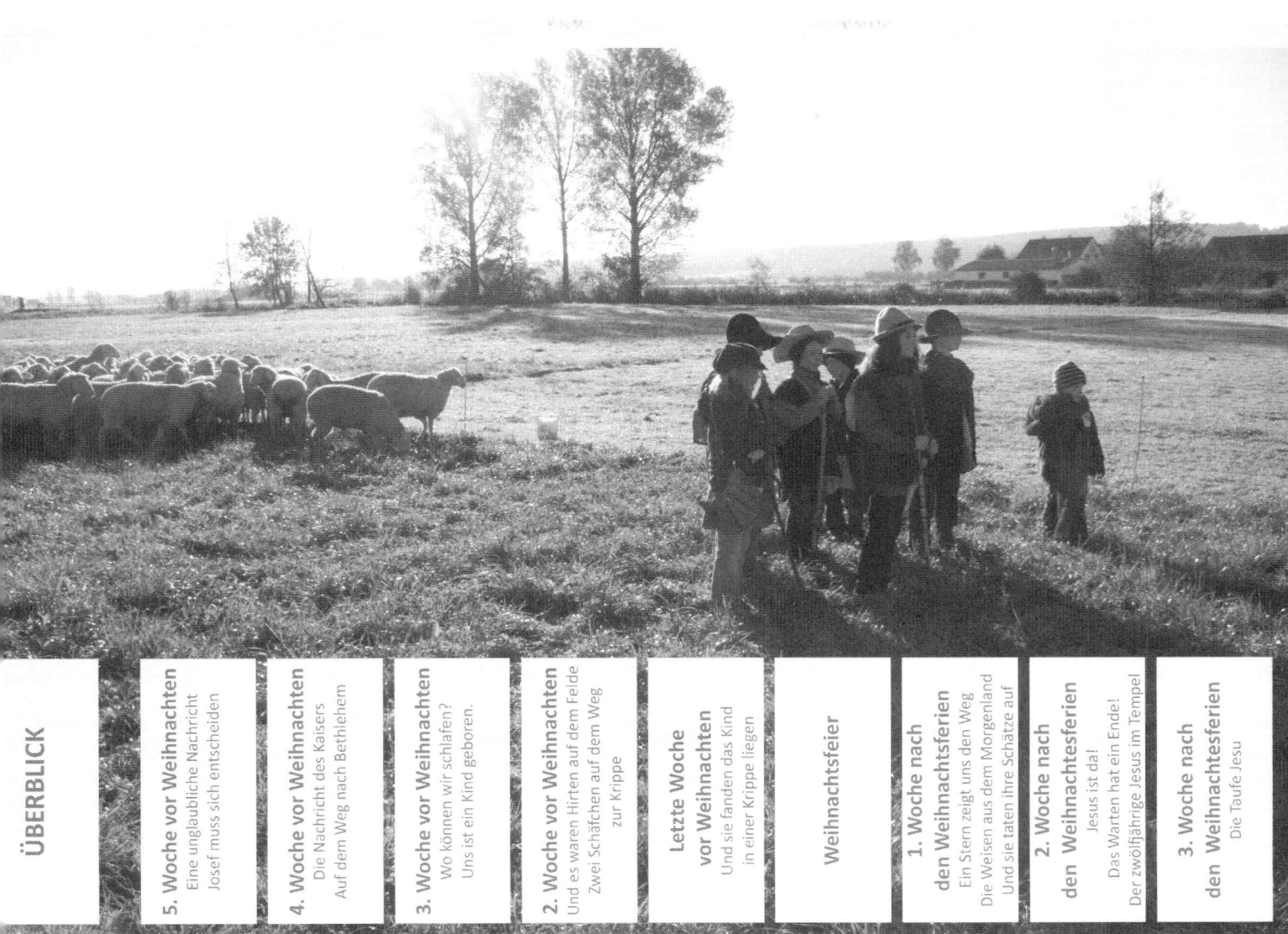

- ÜBERBLICK
- 5. Woche vor Weihnachten
  Eine unglaubliche Nachricht
  Josef muss sich entscheiden
- 4. Woche vor Weihnachten
  Die Nachricht des Kaisers
  Auf dem Weg nach Bethlehem
- 3. Woche vor Weihnachten
  Wo können wir schlafen?
  Uns ist ein Kind geboren.
- 2. Woche vor Weihnachten
  Und es waren Hirten auf dem Felde
  Zwei Schäfchen auf dem Weg zur Krippe
- Letzte Woche vor Weihnachten
  Und sie fanden das Kind in einer Krippe liegen
- Weihnachtsfeier
- 1. Woche nach den Weihnachtsferien
  Ein Stern zeigt uns den Weg
  Die Weisen aus dem Morgenland
  Und sie taten ihre Schätze auf
- 2. Woche nach den Weihnachtsferien
  Jesus ist da!
  Das Warten hat ein Ende!
  Der zwölfjährige Jesus im Tempel
- 3. Woche nach den Weihnachtsferien
  Die Taufe Jesu

Ideen zur Vertiefung, die zu jeder biblischen Geschichte in dieser Reihe eingesetzt werden können:

Möglichkeit I:
Zu allen biblischen Geschichten dürfen immer zwei Kinder zu einer Geschichte ein großes Bild malen. Diese Bilder werden chronologisch auf eine Tapetenrolle aufgeklebt. An der Weihnachtsfeier (direkt am Tag vor den Weihnachtsferien) wird die gesamte Geschichte in Kurzform mit Betrachtung der Bilder nochmal wiederholt.

Möglichkeit II:
In einer Schachtel werden Krippenfiguren aufbewahrt. Der Karton wird nach jeder Geschichte geöffnet, die jeweils zur Geschichte passenden Krippenfiguren herausgesucht und die Kinder dürfen die Geschichte nachspielen. Wenn Platz genug vorhanden ist, können die Figuren auch stehen bleiben, und die Weihnachtsgeschichte kann so aufgebaut, immer wieder ergänzt und fortgesetzt werden. Mit Tüchern und Naturmaterialien kann so eine ganze Krippenlandschaft entstehen, die die Kinder gemeinsam „erschaffen" können.

Vorüberlegungen
Warum feiern wir am 24. Dezember Weihnachten?
In unserer Tradition wird der Geburt Christi zwischen dem 24. und dem 26. Dezember gedacht. Der Heilig Abend gilt dabei allerdings als "Vorabend" zum Großen Fest und ist nicht der eigentliche Geburtstag. Wann Jesu Geburt definitiv war, lässt sich weder auf den Tag noch auf das Jahr genau sagen bzw. festlegen. Den Menschen zur Zeit Jesu waren Geburtstage nicht wichtig und so hat das genaue Datum niemand aufgeschrieben. Später, als man sich dafür interessiert hätte, ca. 200 Jahre nach Jesu Tod, lebte aber von den Zeitzeugen niemand mehr und es blieben nur noch wilde Spekulationen über das Datum. Erst 400 nach Christus hat man den Geburtstag auf den 25. Dezember festgelegt.
Ich bin den Menschen damals sehr dankbar, dass sie sich ausgerechnet für dieses Datum entschieden haben. Zum einen fällt der Tag – hier bei uns in Europa – auf die dunklen Wintermonate. Und nachdem der November meistens trist und trüb ist, bleibt doch bereits im November die Vorfreude auf die Adventszeit im Dezember. Zudem fällt auf den 25. Dezember auch die Wintersonnwende, und man hat nach Weihnachten das Gefühl, dass die Tage schnell länger werden und man den kalten Winter bald hinter sich lassen kann. Weihnachten erscheint mir immer wie ein Lichtblick in einer trüben, kalten Zeit. Und genau das ist es, was Christi Geburt für mich auch im übertragenen Sinne ist: Mit Jesus Christus kommt das Licht zu uns in einer trüben, kalten Zeit.

 **(Lukas 1, 26-38) Die Ankündigung der Geburt Jesu**

Und im sechsten Monat wurde der Engel Gabriel von Gott gesandt in eine Stadt in Galiläa, die heißt Nazareth, zu einer Jungfrau, die vertraut war einem Mann mit Namen Josef vom Hause David; und die Jungfrau hieß Maria. Und der Engel kam zu ihr hinein und sprach: „Sei gegrüßt, du Begnadete! Der Herr ist mit dir!" Sie aber erschrak über die Rede und dachte: „Welch ein Gruß ist das?" Und der Engel sprach zu ihr: „Fürchte dich nicht, Maria, du hast Gnade bei Gott gefunden. Siehe, du wirst schwanger werden und einen Sohn gebären, und du sollst ihm den Namen Jesus geben. Der wird groß sein und Sohn des Höchsten genannt werden; und Gott der Herr wird ihm den Thron seines Vaters David geben, und er wird König sein über das Haus Jakob in Ewigkeit, und sein Reich wird kein Ende haben." Da sprach Maria zu dem Engel: „Wie soll das zugehen, da ich doch von keinem Mann weiß?" Der Engel antwortete und sprach zu ihr: „Der Heilige Geist wird über dich kommen, und die Kraft des Höchsten wird dich überschatten; darum wird auch das Heilige, das geboren wird, Gottes Sohn genannt werden. Und siehe, Elisabeth, deine Verwandte, ist auch schwanger mit einem Sohn, in ihrem Alter, und ist jetzt im sechsten Monat, von der man sagt, dass sie unfruchtbar sei. Denn bei Gott ist kein Ding unmöglich." Maria aber sprach: „Siehe, ich bin des Herrn Magd; mir geschehe, wie du gesagt hast. " Und der Engel schied von ihr.

Im Bibeltext wird deutlich, warum ausgerechnet Maria und Josef als leibliche Eltern ausgewählt wurden: Josef wird als Mitglied des Hauses und der Familie Davids bezeichnet. Jesus war also die Erfüllung einer Prophezeiung aus dem Alten Testament bei Jesaja 9, 1 + 5-6: „Das Volk, das im Finstern wandelt, sieht ein großes Licht und über denen, die da wohnen im finsteren Lande, scheint es hell. Denn uns ist ein Kind geboren, ein Sohn ist uns gegeben, und die Herrschaft ruht auf seiner Schulter; und er heißt Wunder-Rat, Gott-Held, Ewig-Vater, Friede-Fürst; auf dass seine Herrschaft groß werden und des Friedens kein Ende auf dem Thron Davids und in seinem Königreich, dass er's stärke und stütze durch Recht und Gerechtigkeit von nun an bis in Ewigkeit."

Die Geschichte von der Geburt Johannes, die auch in der Bibelstelle zur Verkündigung Marias erwähnt wird, habe ich aus meiner Geschichtenreihe bewusst heraus gelassen. Ich habe das Gefühl, dass eine weitere Geburtsgeschichte vor allem die kleineren Kinder verwirren würde. Deswegen habe ich mich auf ausführliche Erzählungen rund um die Geburt Jesu beschränkt.

Wenn Sie die Geschichte von der Verkündigung älteren Kindern erzählen, sollten Sie sich vorher ernsthaft damit auseinandersetzen, wie Sie zu der „Jungfrauengeburt" stehen. Ältere Kinder können so etwas durchaus auch kritisch hinterfragen. Sie sollten den Kindern auf jeden Fall ehrlich antworten, denn sie spüren sehr genau, ob wir Fragen nur abtun und lapidare Antworten geben, oder ob wir uns wirklich ernsthafte Gedanken darüber gemacht haben und diese auch ehrlich äußern. Häufig wird die Übersetzung der „Jungfrau" in Frage gestellt und darüber diskutiert, ob man nicht auch „junge Frau" hätte übersetzen können. Manche beharren darauf, dass es tatsächlich eine Jungfrauengeburt war. Für mich ist folgendes entscheidend: bereits bevor Jesus zur Welt kam, war er Gottes Sohn. Gott hat sich bereits im Mutterleib zu diesem Kind bekannt. Er sandte in diesem Kind seinen Sohn zu uns Menschen auf diese Erde. Diese Aussage ist für mich Kernbestandteil dieser Geschichte. Ob dies nun biologisch möglich ist oder nicht, hat für mich persönlich keinerlei Bedeutung. Ich kann den Kindern nur folgendes antworten: „Ich glaube, dass bei Gott nichts unmöglich ist!". Wenn die Kinder weiter fragen und mich zu einer „biologischen" Antwort drängen, kann ich nur sagen: „Ich weiß nicht, wie Gott dies gemacht hat und ich habe auch keine Beweise dafür, dass es so oder so gewesen ist. Ich glaube nur ganz sicher, dass Jesus Gottes Sohn war."

 **Was mein Herz berührt**

Ich stelle mir vor, wie eine junge Frau von vielleicht 16 oder 17 Jahren (wahrscheinlich war Maria sogar noch jünger) Besuch von einem Engel bekam. Eine Begegnung, egal welche Gestalt dieser Engel wohl hatte, die nicht alltäglich ist und auch zur damaligen Zeit nicht war. Und Maria erschrak! Sicherlich vor zwei Dingen: vor der Erscheinung an sich und zum anderen vor den Worten, die der Engel sprach. Was mochte Maria für Pläne mit ihrem Leben gehabt haben, bevor der Engel zu ihr trat?! Sie wollte Josef heiraten, wahrscheinlich Kinder mit ihm bekommen, vielleicht ein kleines Häuschen mit ihm bewohnen?! Doch noch bevor eines dieser Dinge passierte, brachte ihr der Engel die Nachricht, dass sie auserwählt sei, Gottes Kind zu bekommen. Die Ängste von Maria sind greifbar und nachvollziehbar: Was wird Josef dazu sagen? Wird er bei ihr bleiben oder sie verlassen?! Wird er ihr glauben? Wird sie alleine dastehen und ein Kind - in Schande und am sozialen Abgrund - groß ziehen? Wer wird ihr dabei helfen? Wer wird ihr zur Seite stehen und die Sorgen und die Verantwortung mit dem Kind teilen?!

 **Erzählen mit Kerzen**

Grundsätzliches:
Die Kerzen sind Symbole für das Geschehen in der Geschichte

Wichtig:
- ruhige Grundhaltung
- gemütliche Atmosphäre

Material:
braunes oder weißes Tuch als Unterlage, eine blaue Kerze für Maria und eine weiße Kerze für den Engel, Feuerzeug oder Streichhölzer (in der Josef-Geschichte: zusätzlich eine rote Kerze)

Erzählung:
Die Geschichte kann frei erzählt oder vorgelesen werden

Beteiligungsmöglichkeit der Kinder:
Die Kinder sollten die Kerzen nicht selbst anzünden. Die Kinder setzen sich auf ihre Stühle im Stuhlkreis, lauschen der Erzählung und schauen die Kerzen an. Die Ruhe und Besinnlichkeit würde durch eine Beteiligung der Kinder beim Anzünden verloren gehen. Außerdem gibt es immer Kinder, die Spaß daran haben, Kerzen auszupusten…

Während der Erzählung:
- Keine Dauerbewegung der Kerzen! Das sind keine Figuren – sie sind nur symbolhaft!
- Die Kerzen sollen den Kindern ermöglichen eine Geschichte zu verinnerlichen.
- Dazu braucht es „Kerzenbilder", die durch einfache „Kerzenzüge" geschaffen werden.
- Weniger ist hier mehr!

Ich habe mich sehr bewusst an dieser Stelle für die Kerzenmethode entschieden. Ich persönlich mag keine „bildlichen" Darstellungen von Engeln und habe meine Schwierigkeit mir vorzustellen, dass es Geschöpfe mit Flügeln waren. Deswegen möchte ich dieses „Bild" des Engels auch so nicht weitergeben. Deshalb habe ich Maria und den Engel sehr symbolhaft mit den Kerzen dargestellt. Für

Maria habe ich eine hellblaue Kerze gewählt, weil Maria auch in der Kunst häufig mit einem blauen Gewand abgebildet ist. Die Engels-Kerze bekommt die Farbe weiß. Kinder ab drei oder vier Jahren haben mit der symbolhaften Darstellung auch keinerlei Schwierigkeiten. Nachdem Engel auch sehr häufig mit dem Symbol des Lichtes in Verbindung gebracht werden, hat mir die Darstellung mit den Kerzen gut gefallen.

Für jüngere Kinder, die weniger Abstraktionsvermögen besitzen, würde ich empfehlen, die Geschichte mit Krippenfiguren zu erzählen, um die Figuren „lebensnaher" erscheinen zu lassen. Kleine Kinder können nicht nachvollziehen, wieso eine Kerze eine Person verkörpern soll. Und wenn Sie lieber mit „Figuren" als mit Symbolen erzählen wollen, so tun Sie es. Hier gibt es kein „Richtig" und kein „Falsch". Nur etwas, das Ihnen einfach mehr entspricht.

Maria freut sich. Bald ist es soweit. Sie wird ihren Freund, den Josef, heiraten. Und Maria kann es kaum noch erwarten. So viel gibt es vorher noch zu tun. So vieles muss sie noch überlegen: „Wen werden wir einladen?" und „Was werde ich anziehen?" Über vieles muss Maria noch nachdenken. Manchmal weiß sie selbst gar nicht so genau, was sie will. Aber eines weiß sie ganz sicher: Josef, ja, das ist der Mann, den sie heiraten will. Ihn hat sie lieb. Mit ihm will sie ihr Leben verbringen. Und Maria freut sich, dass sie so einen ehrlichen und fleißigen Mann gefunden hat. Auf ihn kann sie sich verlassen. Er wird sie nicht alleine lassen.

(Blaue Kerze anzünden und auf ein Tuch stellen)

Josef ist gerade zur Arbeit gegangen und Maria ist in ihren Gedanken versunken. Da erscheint ihr alles viel heller als sonst. Was ist hier los? Woher kommt das Licht? Maria hat das Gefühl, als ob sie in die Sonne schaut.
Da steht plötzlich ein Engel vor ihr.

(weiße Kerze anzünden)

„Sei gegrüßt, Maria. Gott ist mit Dir" spricht der Engel zu ihr. Und Maria erschrickt fürchterlich. Noch nie hat sie einen Engel gesehen, noch nie hat einer sie angesprochen. Maria hat Angst und möchte am liebsten wegrennen. Aber der Engel will Maria noch mehr sagen. „Maria, Gott schaut auf Dich. Er mag Dich. Du wirst ein Kind bekommen, einen Sohn, und Du sollst ihm den Namen Jesus geben. Dein Sohn wird groß und mächtig werden. Er wird wie ein König sein. Er wird nicht so sein, wie sich die Menschen einen König vorstellen. Er wird keine Krone tragen und er wird auch in keinem Schloss wohnen. Aber er wird den Menschen viel Gutes bringen. Und Du, Maria, wirst die Mutter von diesem König sein."

(weiße Kerze zur blauen Kerze stellen)

Maria machen die Worte des Engels Angst. Sie denkt: „Das ist alles zu viel für mich. Ich bin nicht die Richtige dafür. Gott soll sich jemand anderen suchen."

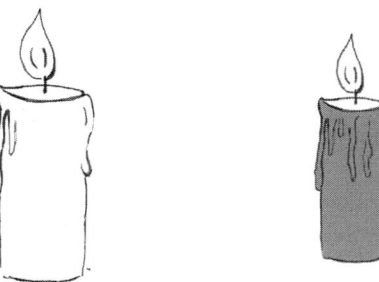

(Blaue Kerze zurückstellen)

Maria nimmt all ihren Mut zusammen und sagt zu dem Engel: „Aber ich bin doch noch so jung und noch gar nicht verheiratet. Wie soll ich denn das alles machen?" Der Engel antwortet Maria: „Gott wird für Dich sorgen. Du musst keine Angst haben. Die Kraft des Herrn wird mit Dir sein. Darum wird es auch ein ganz besonderes Kind sein. Es wird heilig sein. Dieses Kind wird Gott ganz nah sein. Und auch Gott wird diesem Kind sehr nahe sein. Es wird Gottes Sohn genannt werden! Ja, Maria, Du bekommst eine große Aufgabe von Gott. Aber Gott wird Dich damit nicht alleine lassen. Er wird bei Dir sein und Dich beschützen. Wirklich Maria, Du musst keine Angst haben."

(Blaue Kerze nah zur Engelkerze stellen)

Maria fühlt sich plötzlich wohl und geborgen. Der Engel hat freundlich und gut zu ihr gesprochen. Deshalb bekommt sie Mut. Und sie sagt: „Ja, wenn Gott es so will und mir diese große Aufgabe zutraut, dann soll es so sein."

Da verschwindet der Engel wieder vor ihren Augen! Das helle Licht verblasst.

(Weiße Engelkerze ausblasen und wegstellen)

Maria ist ganz durcheinander. „Was wird jetzt geschehen? Was soll ich denn jetzt machen? Soll ich zu Josef gehen? Soll ich ihm sagen, dass der Engel hier war? Wird er mir glauben? Wird er mich noch lieben, wenn er hört, dass ich ein Kind bekomme? Und wird er mich noch heiraten? Aber der Engel hat ja gesagt, dass ich keine Angst haben muss. Darauf verlasse ich mich jetzt. Gott wird bei mir sein."

(Blaue Kerze bleibt alleine auf dem Tuch zurück!)

 **Bildbetrachtung**

Als Einführung in diese Geschichte oder als Vertiefung würde ich Ihnen eine Bildbetrachtung von dem linken Altarbild vom Columba-Altar (auch Dreikönigsaltar) von Rogier von der Weyden, empfehlen. Das gesamte Altarbild kann Sie durch wichtige Stationen der Weihnachtsgeschichte führen. Zum Einstieg möchte ich Ihnen gerne ein paar Hintergrundinformationen zum gesamten Altarbild nennen:

Das Altarbild ist als Triptychon gemalt. Das heißt, dass das Bild wie ein Fenster mit Fensterläden aufgebaut ist. Dieses Altarbild kann auf- und zugeklappt werden, so dass nur Teile und Ausschnitte des Bildes zu sehen sind. Das linke Altarbild zeigt die Szene der Verkündigung Marias. Im mittleren Teil des Altarbildes ist die Geburt Jesu abgebildet sowie der Besuch der 3 Weisen aus dem Morgenland. Auf dem rechten Bild finden wir die Szene als Simeon den so lange von ihm erwarteten Messias in die Arme schließen darf. Bemerkenswert ist, dass Maria als einzige Person auf jedem der drei Bilder zu sehen ist. Im Prinzip erzählt der Maler eine Bildergeschichte durch die Reihenfolge und den Aufbau des Altars.

Das Original-Altarbild ist heute in der Alten Pinakothek in München zu bewundern. Es entstand über mehrere Jahre im 15. Jahrhundert und war ursprünglich für die Kirche St. Columba in Köln erschaffen worden. Ein reicher Kaufmann aus Köln hatte es in Auftrag gegeben. Daher kommt auch sein Name. Mit Kindern ein solches Bild zu entdecken ist immer eine sehr spannende Sache, vor allem deswegen, weil Kinder Dinge entdecken und Fragen dazu stellen, die uns als Erwachsene gar nicht auffallen und wir diese deswegen auch nicht hinterfragen. Es ist deswegen sehr wichtig, dass Sie sich selbst zuvor über einige Hintergrundinformationen bewusst werden, die Sie allerdings nicht alle den Kindern preisgeben sollten. Trotzdem ist es wichtig, sie zu kennen.

Sie finden das Bild auf der CD-Rom und in einer hohen Auflösung auch bei Wikipedia.de

Hintergrundinformationen zum linken Teil des Altarbildes

Die erste Station der Bildbetrachtung beschäftigt sich mit dem linken Bild des Altars. Es zeigt die Szene der Verkündigung Marias.

Einige wichtige Informationen zum Bild möchte ich Ihnen als Erzieherin oder Leiterin der Gruppe gerne mitgeben und nehme Sie deswegen auf eine kleine Reise durch dieses Bild mit:

Ich sehe eine Frau in einem blauen Kleid. Es ist Maria. Ihr blaues Kleid ist ein Symbol für die Hingabe zum Göttlichen. Ein Kleid, so blau wie der Himmel…. Blau ist aber auch die Farbe der Treue, der Schönheit, der Ruhe und des Vertrauens. Maria kniet vor einem Tischchen und liest in einem Buch! Ist es ein Gebetbuch? Die Bibel? Dieses Buch ist ein Hinweis darauf, dass Maria eine fromme junge Frau ist. Sie dreht den Kopf nach hinten, weil sie etwas bemerkt! Etwas im Raum hat sich verändert. Eine Gestalt in einem weißen Gewand steht hinter ihr. Maria hebt ihre Hand, als würde sie etwas abwehren wollen! Sie wirkt nicht begeistert oder erfreut über diesen Besuch. Kein Strahlen, kein freudiges Lächeln ist in ihrem Gesicht zu erkennen. Aber sie scheint auch nicht weglaufen zu wollen.

Hinter Maria erkennen wir ein Wesen im weißen Gewand. Weiß ist das Symbol der Reinheit und des Lichts. Es hat Flügel, darum können wir annehmen, dass es ein Engel ist. Er hat ein goldenes Band um die Hüften gewickelt. In seiner linken Hand trägt er ein Szepter. Allerdings sehen wir – und vor allem die Kinder – hier kein Szepter sondern ein Kreuz. Dieser kreuzähnliche Charakter entsteht dadurch, dass die Worte, die der Engel zu Maria bei der Begrüßung spricht, schräg nach unten in lateinischer Schrift dargestellt wurden und dabei das Szepter kreuzen. Das Szepter steht als Symbol dafür, dass der Engel im Auftrag Gottes zu Maria tritt. Die rechte Hand hebt der Engel zum Gruß.

Auf dem Boden steht eine Vase. In dieser Vase sind frische Blumen. Es sind Lilien. Lilien sind das Symbol der Jungfräulichkeit.

Auffällig ist ein sehr prunkvolles Schlafzimmer. Ein frisch gemachtes Bett, dessen Vorhang zurückgezogen ist. Denn jedermann kann und darf sehen, dass in diesem Bett nichts „untadeliges" geschehen ist. Maria ist ein reines, junges Mädchen, das alleine in ihrem Bett schläft und nichts zu verbergen hat.

Durch das Fenster fällt ein Schein. Der Sonnenschein? Inmitten des Scheines ist etwas Weißes zu erkennen: Eine Taube. Sie ist das Symbol für den Heiligen Geist. Der Schein fällt direkt auf Maria. Mit dem Besuch des Engels wird auch Maria vom Heiligen Geist berührt.

Auch wenn das gesamte Zimmer der Maria sehr prachtvoll gemalt wurde – Rogier von der Weyden wusste natürlich, dass Maria keinesfalls in so wohlhabenden Verhältnissen gelebt hatte, aber er hat die Szene bewusst in die Zeit, in der er selbst gelebt hat, gesetzt und auch in die Situation seines Auftraggebers. Somit wollte er den Menschen eine besondere emotionale Nähe zu Maria und ihrer Situation von damals ermöglichen. Es sollte so wirken, als wäre man direkter Zeuge dieser Szene von der Verkündigung.

Methode zur Bildbetrachtung:

Material:
ausgedrucktes Bild in einer guten Qualität und eine Taschenlampe

Durchführung:
Die Leiterin versammelt sich mit einer kleinen Gruppe von Kindern (ich empfehle Ihnen eine Anzahl von ca. 6) vor dem Bild. Bitten Sie die Kinder im Vorfeld, nichts zu sprechen, solange Sie mit der Taschenlampe leuchten. Dann schalten Sie die Taschenlampe ein. Sie zeigen damit auf unterschiedliche „Punkte" im Bild. Sie können die Details, die oben beschrieben wurden, nacheinander anleuchten.

Besprechen Sie im Anschluss mit den Kindern, was sie gesehen haben, warum wohl zum Beispiel die Taube durch das Zimmer flog und welche Bedeutung die Dinge haben könnten. Lassen Sie Platz, Raum und Zeit für eigene Spekulationen der Kinder. Geben Sie so wenig wie möglich vor und korrigieren Sie nur, wenn die Interpretationen der Kinder eine völlig falsche Richtung nehmen.

Nachbereitung:
Ich würde das linke Altarbild direkt im Anschluss an die gemeinsame „Entdeckungsreise" so aufhängen, dass daneben noch Platz für das Mittelbild und das rechte Bild vorhanden ist.
Tipp: Denken Sie vielleicht bei der gemeinsamen Entdeckungsreise, an einen Satz, den Picasso sagte: „Ein Bild wird nur durch die Person lebendig, die es betrachtet."

Lieder

„Der Engel hat Maria gute Worte mit auf ihren Weg gegeben. Damit Maria die Worte besser behalten kann und sie sich immer dran erinnert, hat sie sich ein kleines Lied ausgedacht. Das hat sie ganz oft vor sich hin gesungen":

Text und Melodie: Anita Gaffron

Hab keine Angst, Gott wird immer bei dir sein,
Er wird dich behüten auf dem Weg. Er lässt dich
niemals allein, er wird immer bei dir sein.

„Und damit wir diese Worte besser für uns behalten,
wollen wir ein paar Schritte dazu gehen.
Wir stehen im Kreis und schauen
auf den Rücken unseres Vordermannes.
Jeder von uns legt nun seine rechte Hand
(die Hand, die nach außen im Kreis zeigt)
auf die linke Schulter *(die Schulter, die nach innen im Kreis zeigt)*
des Vordermannes. Dann beginnen wir mit dem rechten Fuß
(der Fuß, der außen ist) und gehen immer im Rhythmus
der Musik einen Schritt nach vorne."
Dann beginnt die Erzieherin zu singen.

Guter Gott,
Maria hat eine große Aufgabe bekommen.
Bestimmt war sie ganz schön aufgeregt, als der Engel sie besucht hat.
Wahrscheinlich hatte sie auch Angst, weil sie nicht wusste, wie alles weiter geht.
Aber der Engel hat ihr gesagt: „Fürchte Dich nicht!"
Dies gilt auch noch heute für uns.
Wir brauchen keine Angst zu haben, weil Du immer bei uns bist.
Dafür danken wir Dir!
Amen.

Bildmaterial Kolumban-Altar - farbig und in Graustufen

 **(Matthäus 1, 15-18) Jesu Geburt**

Die Geburt Jesu Christi geschah aber so: Als Maria, seine Mutter, dem Josef vertraut war, fand es sich, ehe er sie heimholte, dass sie schwanger war von dem Heiligen Geist. Josef aber, ihr Mann, war fromm und wollte sie nicht in Schande bringen, gedachte aber, sie heimlich zu verlassen. Als er das noch bedachte, siehe, da erschien ihm der Engel des Herrn im Traum und sprach: Josef, du Sohn Davids, fürchte dich nicht, Maria, deine Frau, zu dir zu nehmen; denn was sie empfangen hat, das ist von dem Heiligen Geist. Und sie wird einen Sohn gebären, dem sollst du den Namen Jesus geben, denn er wird sein Volk retten von ihren Sünden. Das ist aber alles geschehen, damit erfüllt würde, was der Herr durch den Propheten gesagt hat, der da spricht (Jesaja 7,14): »Siehe, eine Jungfrau wird schwanger sein und einen Sohn gebären, und sie werden ihm den Namen Immanuel geben«, das heißt übersetzt: Gott mit uns. Als nun Josef vom Schlaf erwachte, tat er, wie ihm der Engel des Herrn befohlen hatte, und nahm seine Frau zu sich. Und er berührte sie nicht, bis sie einen Sohn gebar; und er gab ihm den Namen Jesus.

Diese Begebenheit, als Josef der Engel im Traum erschien, wird im Matthäus-Evangelium erzählt. Ich füge sie hier allerdings in die Erzählungen aus dem Lukas-Evangelium ein, weil sie genau da anknüpft, wo die Geschichte von Maria nach der Verkündigung des Engels aufhört. Maria hatte Angst, wie Josef reagieren würde, wenn er die Wahrheit über ihre Schwangerschaft erfährt und wie die Geschichte zeigt, war die Entscheidung was Josef nun tun würde, alles andere als einfach und klar: Die Gesetzeslage war zu damaliger Zeit wesentlich dramatischer in ihren Auswirkungen, als dies heute der Fall ist. Josef sah genau drei Möglichkeiten mit der Schwangerschaft seiner Verlobten umzugehen:
- Er hätte sie anklagen können, was für Maria wahrscheinlich den Tod bedeutet hätte. Eine Frau, die von einem anderen Manne schwanger war, wurde nach damaligem Recht gesteinigt.

- Josef hätte Maria einen Scheidebrief ausstellen können und sie somit offiziell aus der Ehe entlassen können. Das hätte für Maria eine lebenslange Schande bedeutet.
- Josef würde Maria verlassen und ließ sie sozusagen mit dem Kind sitzen. Jeder würde davon ausgehen, dass das Kind von ihm wäre, und er der Böse sei, der seine Frau aus welchen Gründen auch immer, alleine ließ.

Josef wählte für sich den dritten Weg, weil er damit die beste Möglichkeit für Maria sah, weiterzuleben und ihr Kind zwar in Armut, aber in Frieden großzuziehen. Doch mitten im Entscheidungsprozess bot Gott ihm eine vierte Möglichkeit an, eine, die er wahrscheinlich bis zu diesem Zeitpunkt noch gar nicht in Betracht gezogen hatte, weil der Schmerz und die Enttäuschung über das ungeborene Kind in ihrem Leib, das seines nicht sein konnte, zu groß waren. Gott selbst bat Josef bei Maria zu bleiben. Er hatte den Plan für Josef, dass er die „menschliche" Vaterrolle für das Kind einnehmen sollte. Er wurde beauftragt Jesus seinen Namen zu geben und ihn somit als sein Kind öffentlich anzunehmen, manche sprechen auch davon, dass Josef ihn mit dieser Namensgebung „adoptiert" hätte. Und Josef war gehorsam. Er tat genau das, was der Engel ihm im Traum sagte. All seine Überlegungen, die er tagelang mit sich herumtrug, warf er einfach über Bord und fügte sich dem Willen Gottes. Genauso wie Maria es auch getan hatte. Maria und Josef waren offen für Gott – für seine Wünsche und seinen Auftrag.

 **Was mein Herz berührt**

Diese Bibelerzählung ist eine große Liebesgeschichte. Josef, der bestimmt zutiefst verletzt war, suchte die beste Möglichkeit um Maria zu helfen. Trotz allem, was er an Verletzung erfahren hatte, blieb bei ihm ein tiefes Gefühl der Zuneigung und Liebe zu ihr, galt sein ganzes Bestreben, dass sie gut weiterleben konnte. Ganz wichtig ist bei dieser Erzählung – auch für die Kinder - dass Josef sich für eine Trennung entschied, um Maria zu helfen. Viele unserer Kinder müssen ebenfalls Trennungserfahrungen erleben. Vielleicht hilft diese Geschichte auch ein bisschen, sich in den Elternteil einzufühlen, der die Familie verlassen hat. Vielleicht sind es nicht immer so edle Gedanken, wie bei Josef, die zu Trennungen führen, und trotzdem tut es den Kinder gut, zu sehen, dass Erwachsene manchmal das Gefühl haben, weggehen zu müssen, damit alle gut weiterleben können. Und es nimmt den Kindern Schuldgefühle, dass sie für Trennungen der Eltern verantwortlich sein könnten. Selbstverständlich wünschen sich Kinder mit Trennungserfahrungen immer, dass Eltern zusammenbleiben. Und nicht in jedem Fall kann, wie bei Josef und Maria, das

Happy-End der kleinen, intakten Familie bestehen bleiben. Trotzdem ist es wichtig, diese Geschichte so „stehen zu lassen". Schlimm wäre, wenn bei Kindern der Eindruck bleiben würde: ‚Weil ich Gott nicht so wichtig bin, trennen sich meine Eltern trotzdem.' Wir können nicht für alles, was auf dieser Welt geschieht, Gott zur Verantwortung ziehen. Aber wir können vielleicht – auch durch solche Geschichten – ein bisschen Verständnis für Entscheidungsprozesse von andern Menschen wecken. Wenn die Kinder von eigenen Erfahrungen berichten wollen, sollten wir gesprächsbereit sein und zuhören, aber immer auch die Privatsphäre der Kinder und der Familien achten und respektieren.

Josef ist in seiner Werkstatt und arbeitet als Zimmermann. Aber er ist nicht richtig bei der Sache. Josef denkt an Maria. Er hat Maria sehr lieb. Er möchte sie heiraten und später einmal Kinder mit ihr haben. Josef hat so viele Pläne, was sie gemeinsam in ihrem Leben machen wollen. Er möchte ihr ein Häuschen bauen und er wünscht sich einen kleinen Garten und viele Kinder mit Maria. Aber natürlich erst später, wenn sie einmal verheiratet sind.

(Rote Kerze auf das Tuch stellen)

Doch vor ein paar Tagen hat Maria ihm gesagt, dass sie ein Kind bekommt. Aber er ist nicht der Vater von diesem Kind. Maria erzählte ihm die Geschichte, dass ein Engel bei ihr war und dass Gott selbst der Vater dieses Babys sei.
Das macht Josef sehr traurig. Er weiß gar nicht, was er denken soll. Maria bekommt ein Kind, aber er ist nicht der Papa. Wird er denn dem Baby ein guter Vater sein? Wird er es richtig lieb haben können, wie ein eigenes Kind? Und was werden die Leute denken, wenn sie es herausbekommen? Bestimmt schauen alle Leute Maria ganz böse an, weil sie doch noch so jung ist, und sie noch gar nicht verheiratet sind.

(Blaue Kerze mit Abstand zur roten Kerze stellen)

Josef überlegt hin und her, und weil er Maria so lieb hat und nur das Beste für sie will, beschließt er, wegzugehen. Wenn er sich von Maria trennt, wenn er sie verlässt, dann hat jeder Mitleid mit Maria. Die Leute lassen Maria in Ruhe, weil sie denken, dass Josef der Böse ist. Sie sind sauer auf ihn, weil er Maria alleine mit dem Baby lässt. „Ja", denkt Josef, „das ist ein guter Plan. So will ich es machen. Gleich morgen früh werde ich meine Sachen packen und verschwinden."
Als sich Josef am Abend in sein Bett legt, ist er traurig und froh zugleich. Er ist traurig, weil er Maria mit dem Baby alleine lassen wird, aber er ist froh, dass er eine Möglichkeit gefunden hat, dass es Maria in Zukunft gut gehen wird. Mit diesen Gedanken schläft Josef ein.

(Blaue Kerze wegnehmen, rote Kerze bleibt alleine zurück)

Im Traum aber steht plötzlich ein Engel vor Josef. Er spricht zu ihm: „Josef, fürchte Dich nicht! Hab keine Angst Maria zu heiraten. Sie wird das Kind Gottes bekommen. Es wird ein Junge werden. Und Du Josef wirst ihm ein guter Vater sein und wirst ihm den Namen Jesus geben. Dieser Jesus wird wichtig sein für viele Menschen, weil er all das Böse und Schlechte von ihnen wegnimmt, ihnen hilft und die Menschen rettet."

(weiße Kerze zur roten Kerze stellen)

Als Josef am nächsten Morgen aufwacht, denkt er sofort an den Engel. Er überlegt nochmal genau, was er ihm gesagt hat: dass er Maria heiraten soll, dass sie einen Sohn bekommen werden und dass er ihm den Namen Jesus geben darf. Es ist Gottes Sohn und er wird den Menschen viel Gutes bringen.... Ja, so ähnlich waren die Worte des Engels.
Josef ist froh und glücklich, dass der Engel bei ihm

(weiße Kerze auspusten und wegstellen)

war. Denn jetzt hat er eine Möglichkeit gefunden, bei Maria zu bleiben. Und er hat keine Angst mehr, dass er dem Kind ein schlechter Vater sein wird. Denn er weiß, dass Gott bei ihnen ist und dass er ihm und Maria helfen wird.

Als Josef und Maria sich an diesem Tag treffen, da spürt Maria sofort, dass irgendetwas anders ist als sonst. Sie spürt, dass Josef erleichtert und fröhlich ist, wie schon lange nicht mehr. Josef fragt Maria: „Maria, wollen wir heiraten und uns zusammen um das Kind in Deinem Bauch kümmern?" Und Maria fällt Josef um den Hals. Sie ist überglücklich, dass er bei ihr bleiben will. Sie weiß, Josef wird ihr ein guter Mann sein und für den kleinen Jungen in ihrem Bauch ein guter Vater.

(Blaue Kerze eng zur roten Kerze stellen)

Ja- / Nein- Spiel

Vorbereitung:
zwei große ausgeschnittene Kreise aus Tonkarton in den Farben rot und grün

Erklärung des Spiels für die Kinder: „Josef hatte eine schwere Entscheidung zu treffen.
Sollte er bei Maria bleiben - ja oder nein! Wir müssen auch manchmal solche Entscheidungen treffen.
Und in unserem nächsten Spiel müsst Ihr Euch auch entscheiden: Ja oder Nein!
Ich werde Euch etwas sagen, und wenn ihr denkt, „Ja, das ist richtig!",
dann dürft Ihr Euch zu dem grünen Kreis auf dem Boden stellen.
Und wenn ihr denkt, „Nein, das ist falsch!", dann dürft Ihr zu dem roten Kreis gehen.

Mögliche Aussagen:
- Josef war ein Zimmermann und hat fleißig gearbeitet. ✓
- Josef hatte Maria sehr lieb. ✓
- Josef wollte immer bei Maria bleiben.
- Maria bekam ein Kind von Josef.
- Josef wollte Maria verlassen und weggehen. ✓
- Josef wollte, dass alle Menschen ganz böse auf Maria sind.
- Josef hat schon oft Engel gesehen.
- Im Traum erschien Josef ein Engel. ✓
- Der Engel sagte Josef: „Geh weg von Maria!"
- Der Engel sagte Josef: „Heirate Maria!" ✓
- Der Engel sagte: „Das Kind soll Jesus heißen!" ✓
- Josef tat genau das, was ihm der Engel gesagt hat. ✓
- Josef ließ Maria mit dem Kind alleine.
- Maria und Josef haben geheiratet. ✓

„Manchmal ist es gar nicht so einfach, sich richtig zu entscheiden. Das ist Josef genauso gegangen."

Licht der Liebe (Evangelisches Kindergesangbuch Nr. 25)

Lieber Gott,
danke, dass Du den Engel zu Josef geschickt hast.
Der Engel hat Josef gesagt, was richtig ist und dass er bei Maria bleiben soll.
Maria war bestimmt sehr froh darüber.
Es war gut für Maria, dass Josef sie so lieb hatte.
Danke, dass es auch in meinem Leben Menschen gibt, die mich lieb haben.
Amen.

Rote Kreiskarte (Nein-Karte), grüne Kreiskarte (Ja-Karte), Ja-Nein-Frage-Karten

Die Nachricht des Kaisers

 (Lukas 2, 1 – 2)

Es begab sich aber zu der Zeit, dass ein Gebot von dem Kaiser Augustus ausging, dass alle Welt geschätzt würde. Und diese Schätzung war die allererste und geschah zur Zeit, da Quirinius Statthalter in Syrien war.

Der historische Wahrheitsgehalt dieser Geschichte ist sehr umstritten. Viele Theologen haben Zweifel, ob es unter Kaiser Augustus einen Statthalter Quirinius gab. Das Problem liegt darin, dass viele – heute interessante – Daten und Begebenheiten nicht für die Nachwelt festgehalten wurden. Deshalb lässt sich auch das Geburtsjahr Christi nicht genau bestimmen. Man geht inzwischen von dem Jahre 7 vor Christi Geburt aus, aber mit Sicherheit kann dies niemand sagen.
Eventuell wollte Kaiser Augustus das Vermögen der Bevölkerung im ganzen Reich erfassen, um ein geordnetes Steuerwesen einzuführen. Diese „Schätzung" dauerte mindestens 40 Jahre und erstreckte sich über ein großes Reich. Trotzdem ist auch die Tatsache der Volkszählung bei vielen Wissenschaftlern umstritten, so hätte eine so beschriebene Schätzung enorm viel Unruhe und Chaos in das Land gebracht. Und dies bei hohen Kosten, die eine solche Schätzung mit sich gebracht hätte, und geringen Einnahmen, die zu erwarten waren. So gibt es wohl berechtigte Zweifel, dass diese Schätzung überhaupt stattfand und ob sie Maria und Josef betraf.
Aber dem Evangelisten ging es bei seiner Schilderung darum, die alttestamentarische Prophezeiung zu erfüllen, die bei Micha 5,2 niedergeschrieben ist: „Und du Bethlehem-Efrata, die du klein bist unter den Städten in Juda, aus dir soll mir der kommen, der in Israel Herr sei, dessen Ausgang von Anfang und von Ewigkeit her gewesen ist."
Ob sich nun wissenschaftlich alles belegen lässt, oder nicht, Lukas hat es so festgehalten und ich will die Geschichte den Kindern so erzählen, wie sie hier in der Bibel aufgeschrieben steht.
Kaiser Augustus hat dem Bibeltext zufolge ein Gebot erlassen und die Menschen aufgefordert in ihre Geburtsstadt zu gehen, um sich schätzen zu lassen. Gott nutzte die Macht des Kaisers für seine göttlichen Dienste, ohne dass der Kaiser davon wusste. Gott machte dem Kaiser bereits zu diesem Zeitpunkt seine Macht und Herrschaft strittig.

Für Maria kam diese Schätzung in einem wirklich ungünstigen Moment. Sie war schwanger – vielleicht hochschwanger (aber auch das wissen wir nicht wirklich) als sie den Befehl bekamen, in Josefs Geburtsstadt zu gehen. Und so machten sich Maria und Josef auf den Weg.
Hier wird sehr deutlich, wie mächtig der Kaiser war und wie gewichtig sein Wort. Er konnte den Menschen befehlen und sie mussten gehorchen. Er brachte alles in Bewegung, schickte Menschen auf gefährliche und beschwerliche Reisen: Kinder, Alte, Kranke und Schwangere.

 **Was mein Herz berührt**

Ich überlege mir, mit welchen Gefühlen Maria und Josef den Befehl des Kaisers Augustus entgegengenommen haben. Angst? Ungewissheit? Unsicherheit? Panik? Wie lange vorher hatten sie schon von den Plänen des Kaisers gehört?! Hatten vielleicht gehofft, dass der Befehl zu gehen, erst nach der Geburt des Kindes eingehen würde?! Aber dann kommt der Befehl eben doch, bevor das Kind auf der Welt ist und so machen sich die beiden auf den Weg in einem tiefen Vertrauen auf Gott. Maria hat einen langen und beschwerlichen Weg vor sich. Sie wird alle Kräfte brauchen, um die bevorstehenden Tage zu überstehen. Alle Mütter und Schwangeren können sich sicherlich vorstellen, wie anstrengend ein tagelanger Fußmarsch für eine hochschwangere Frau ist. Maria ist nicht zu beneiden. Ich kann mir vorstellen, wie sie sich fühlt und in Gedanken wiederhole ich mit ihr die Worte, die der Engel zu ihr gesagt hat.
Das kleine Lied, das im Anschluss an die Geschichte folgt, soll die Worte des Engels immer wieder in Erinnerung rufen. Und es kann ein kleines Mut-Lied auch für die Kinder in heutigen Tagen werden. Die Worte des Engels, die für alle Kinder und alle Menschen gelten sollen: „Hab keine Angst, Gott wird immer bei Dir sein, er wird dich behüten auf dem Weg, er lässt Dich niemals allein, er wird immer bei Dir sein!"

 **Mitmachgeschichte**

Vorbereitung:
Den Kindern sollte vor dem Spiel erklärt werden, dass nur der Erzähler spricht und alle anderen ohne Worte die Bewegungen und Gesten einfach mitmachen.

Wichtig während der Erzählung:
Eine Person erzählt die Geschichte. Am einfachsten ist es, wenn sie parallel zur Erzählung die Bewegungen mit den Kindern spielt. So können auch die jüngsten Kinder „einfach mitmachen"!
Die Kinder stellen das, was erzählt wird, parallel dazu ohne Worte dar.
Alle Kinder können mit einbezogen werden.
Der Erzähler muss beim Erzählen unterschiedlich lange Pausen machen, und den Kindern ausreichend Zeit zum Spielen und Nachmachen lassen.

Aufgeregt kommt Maria nach Hause gelaufen *(Beine trampeln auf den Boden)*. Sie ist ganz außer Atem und muss erst einmal Luft holen *(tief Luft holen)*. „Ich hab gehört, dass wir hier weg müssen!" Maria läuft unruhig hin und her *(Beine trampeln auf dem Boden)*.
Josef kann es nicht glauben und schüttelt den Kopf: „Hier ist doch unser Zuhause, hier habe ich meine Arbeit, du bekommst bald ein Kind. Wir können hier nicht weg! Nein, nein, nein!"
(Zeigefinger wird nach links und rechts geführt)
Marias Herz schlägt ganz laut *(auf die Brust klopfen)*. Maria sagt: „Jeder muss dahin gehen, wo er geboren ist *(in eine Richtung zeigen)*. Du musst nach Bethlehem! Kaiser Augustus will alle Leute zählen, 1, 2, 3..." *(auf imaginäre Leute zeigen)*. Josef kann es nicht glauben und schüttelt den Kopf *(Kopf schütteln)*.

Ein paar Tage später klopft es an der Tür *(auf den Stuhl klopfen)*. Als Maria aufmacht *(Türe öffnen)*, steht draußen ein Bote. Er drückt Maria ein Schriftstück in die Hand *(in die Hand klatschen)* und verschwindet. Maria wirft die Türe zu *(Türe wieder schließen)*. Maria öffnet das Schriftstück und liest. Sie ist so erschrocken, dass sie kein Wort sagen kann. Hier steht, dass sie nach Bethlehem gehen müssen *(Beine trampeln auf den Boden)*. Still geht sie mit dem Papier in der Hand ins Haus zurück *(leise schlurfend mit den Füßen über den Boden schleifen)*. Maria setzt sich und streicht mit der Hand über ihren Bauch *(über den Bauch streichen)*. Josef ist noch gar nicht zu Hause. Noch ist er in der Zimmerei und sägt die Bretter auseinander *(Sägebewegungen machen)*. Maria hat Angst. Aber Maria denkt an die Worte des Engels: „Gott wird dich behüten." *(Hände über den Kopf formen)*

Der Gedanke an den Engel und seine Worte lassen Maria wieder ruhiger werden *(über den Körper streichen)*. „Ja, es wird schon alles gut werden. Gott wird bei uns sein *(Hände über den Kopf halten)*."
Als Josef am Abend nach Hause kommt *(Füße trampeln auf den Boden)*, zeigt Maria ihm das Schriftstück des Kaisers. Josef liest und schlägt die Hände vors Gesicht. „Maria, das ist ja schrecklich!" Josef streichelt Maria über den Arm *(über den Arm streicheln)*. Auch Josef hat Angst. Sie werden lange unterwegs sein. Er weiß aber ganz sicher: Er will, dass Maria mitkommt *(Nachbarn an die Hand nehmen, drücken und Hände wieder loslassen)*. Und Maria ist sich sicher, dass sie mit Josef gehen wird. Gott wird sie sicher behüten *(Hände über den Kopf halten)*.
Maria und Josef müssen ihre Sachen packen. Maria holt ein großes Tuch, breitet es aus und packt darin ein: Kleider, Essen und Trinken. Und Windeln für das Baby. Maria hat keine Ahnung, was die nächsten Tage und Wochen bringen, die vor ihr liegen. *(Mit den Schultern zucken!)* Aber Maria denkt fest an die Worte des Engels: „Hab keine Angst, Gott wird immer bei dir sein, er wird dich behüten auf dem Weg. Gott lässt dich nicht allein, er wird immer bei dir sein"
Alle singen gemeinsam und gehen im Kreis: „Hab keine Angst, Gott wird immer bei dir sein, er wird dich behüten auf dem Weg. Gott lässt dich nicht allein, er wird immer bei dir sein!

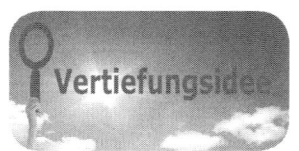

Spiel „Kofferpacken"

„Maria und Josef konnten sicher nicht viele Sachen auf ihrem Esel mitnehmen, als sie losgegangen sind. Die beiden mussten alles tragen, nur ihr Esel konnte ihnen ein bisschen etwas abnehmen. Was haben Maria und Josef wohl auf die Reise mitgenommen?"
Jeder darf ein Teil nennen, das er anstelle von Maria und Josef mitgenommen hätte. Der Nächste sagt nochmal, was derjenige vor ihm schon gesagt hat, und fügt dann wieder ein neues Teil dazu...
„Wenn der letzte an der Reihe ist, werden wir ganz schön viel Gepäck aufzählen müssen... Hoffentlich konnte der Esel so viel tragen!"

 **Seht die gute Zeit ist nah (Evangelisches Kindergesangbuch Nr. 27)**

Zu den Liedern im gesamten Buch möchte ich anmerken, dass ich bewusst auf ein traditionelles Liedgut zurückgreife. Mit Erstaunen muss ich feststellen, dass in den Kindergärten und auch im Kindergottesdienst zwar Weihnachten gefeiert wird, aber immer weniger „alte" Lieder gesungen werden. Häufig kennen die Kinder nicht mal mehr „Ihr Kinderlein kommet" oder „Stille Nacht, heilige Nacht". Ich finde es sehr wichtig, dass Kinder diese Lieder kennen lernen. Weihnachten ist auch deswegen ein besonderes Fest, weil es alle Generationen verbindet, weil es alle Menschen berührt, egal ob jung oder alt. Und diese Gemeinsamkeiten sollte unbedingt gepflegt werden. Es ist ein Schatz, wenn wir generationenübergreifend miteinander singen. Leider geht diese Tradition immer mehr verloren. Sicherlich gibt es neuere und ebenso schöne Weihnachtslieder, die vielleicht noch kindgerechter und leichter verständlich sind. Und trotzdem bin ich davon überzeugt, dass es wert-voll ist, gemeinsam singen zu können.

Ein anderer Aspekt ist mir zu diesem Thema noch wichtig: Häufig sind es Lieder, die bei alten Menschen am längsten im Gedächtnis bleiben und auch abrufbar sind. Wenn wir unseren Kindern diese Lieder nicht lernen, indem wir sie mit ihnen singen, werden die Kinder, wenn wir einmal alt und nicht mehr Herr all unserer Sinne sind, nicht mit uns singen können – weil wir kein gemeinsames Liedgut besitzen. Und dies ist ein emotionaler Verlust – für uns alle.

Lieber Vater,
Maria und Josef mussten zu einer langen Reise aufbrechen.
Das hat den beiden bestimmt nicht gefallen.
Vielleicht haben sie richtig geschimpft, weil sie nicht gehen wollten.
Ich bin auch manchmal wütend, wenn ich etwas nicht machen will, aber machen muss.
Und trotzdem sind Maria und Josef losgegangen.
Sie haben getan, was wichtig und richtig war.
Danke, dass Du bei ihnen warst.
Amen

Auf dem Weg nach Bethlehem

BIBEL (Lukas 2, 3-5)

Und jedermann ging, dass er sich schätzen ließe, ein jeder in seine Stadt.
Da machte sich auf auch Josef aus Galiläa, aus der Stadt Nazareth, in das jüdische Land zur Stadt Davids, die da heißt Bethlehem, weil er aus dem Hause und Geschlechte Davids war, damit er sich schätzen ließe mit Maria, seinem vertrauten Weibe; die war schwanger.

WICHTIG

Kein Wort ist in der Bibel davon zu lesen, dass Maria und Josef auf ihrem Weg einen Esel dabei hatten. Aber ich wünsche mir, für Maria und Josef, dass sie auf ihrem Weg einen Esel dabei hatten, um den langen und beschwerlichen Weg nicht alleine zu Fuß zurücklegen zu müssen. Ob sie sich wohl alleine auf den Weg gemacht haben? Waren damals viele Menschen unterwegs?! Hat man sich getroffen und Teile des Wegs gemeinsam zurückgelegt? Fand man überall einen Platz zum Schlafen oder musste man auch unter Gottes freiem Himmel nächtigen?! Auch hier bleiben viele unbeantwortete Fragen offen. Meine nachfolgende Erzählung gibt einen Einblick, wie ich mir diesen beschwerlichen Weg nach Betlehem vorstelle, nicht, wie er tatsächlich war.
Für die Kinder ist diese Reise ein spannendes Abenteuer. Wir als Erwachsene sehen viele Beschwernisse, Gefahren und Mühen des Weges sicherlich auch aus einer anderen Perspektive und nehmen wahr, welche negativen Gefühle damit verbunden waren.

Was mein Herz berührt

Die Wegstrecke, die Maria und Josef von Nazareth nach Betlehem zurücklegen mussten, beträgt ungefähr 160 Kilometer. Wenn die beiden 25 bis 30 Kilometer am Tag schafften, waren sie ca. 6 – 7 Tage unterwegs. Dabei müssen wir immer bedenken, dass Maria hochschwanger war. Ich will mir gar nicht vorstellen, welcher Kraftakt dies für Maria war. Und wie mag es Josef ergangen sein?! Er war mit einer hochschwangeren Frau unterwegs, obwohl er nicht der Vater ihres ungeborenen Kindes war. Wie viele Zweifel hatte er an dieser Beziehung und an dem, was Maria ihm über den „Vater" des Kindes erzählt hatte? Wie war die Stimmung zwischen den beiden auf dem langen Weg? War Maria immer so geduldig mit ihrer Situation, mit ihrem Babybauch, mit den Strapazen der Reise? War Josef ihr ein liebevoller und besorgter Begleiter?! Oder gingen sich die beiden vielleicht auch ziemlich auf die Nerven, oder hatten sie sogar Streit?! Vielleicht gab es Schuldzuweisungen und Vorwürfe, vielleicht Anfechtungen und Gemeinheiten?! Davon erzählt die Bibel nichts. Nur dieses ist klar: Sie haben sich gemeinsam auf den Weg gemacht und kamen zusammen an ihrem Ziel in Betlehem an. Und eines ist für mich gewiss: Gott war bei ihnen.

METHODE: Erzählung mit einer selbstgenähten Esel-Stoffhandpuppe

Obwohl im Bibeltext kein Esel vorkommt, erzähle ich meine Geschichte aus der Perspektive des Esels.

Benötigte Materialien:
Sprechhandpuppe

Vorbereitende Tätigkeiten:
Besorgen oder Nähen der Esel-Puppe.

Vorteil der Methode:
Die Aufmerksamkeit der Kinder kann sehr leicht und schnell gewonnen werden. Die Kinder können der Puppe sehr gut zuhören und haben großes Interesse an ihr.

Nachteil der Methode:
Das Spiel mit der Puppe muss immer wieder geübt werden.

Wichtig während der Erzählung:
Die Puppe muss immer wieder den Blickkontakt zu den Kindern suchen. Schön wäre es, wenn die Puppe ganz frei erzählt und der „Spieler" nicht fest am Skript hängt. Mimik, Gestik und Mundbewegungen sollten zum Inhalt und der Stimmung des Erzählten passen. Der „Spieler" muss immer die Puppe im Blick haben und nicht die Kinder. Der „Spieler" kann während der Erzählphase nicht auf die Disziplin der Kinder achten oder darauf eingehen. Er muss sich zu 100 % auf seine Puppe konzentrieren und diese mit Leben erfüllen.

Aktion der Kinder:
Evtl. kann die Handpuppe die Kinder ins Gespräch mit einbeziehen, auch sie etwas fragen, sie um ihre Meinung bitten….

Grundsätzliches zum Einsatz einer Sprechhandpuppe
- Eine Handpuppe ist kein Spielobjekt für Kinder.
- Die Puppe wird nur zum Vorspielen und Erzählen eingesetzt.
- Um die Puppe liegt ein Geheimnis / ein Zauber.
- Wenn die Puppe öfters kommt, und den Kindern schon vertrauter ist, steht weniger die Puppe im Vordergrund und mehr die Erzählung!
- Eine Handpuppe schafft einen anderen Zugang zur Geschichte und zu Inhalten.
- Die Puppe steht auf einer Ebene mit den Kindern.
- Die Puppe ist Gesprächspartner und oft sehr viel „näher" als ein Erwachsener!

Buchempfehlung für den Einsatz von Handpuppen:
Olaf Möller: „Große Handpuppen ins Spiel bringen"

ERZÄHLUNG

Ich bin vielleicht erschrocken, als plötzlich Josef in der Stalltür steht. Er kommt und treibt mich aus dem Stall heraus. Herrje, denk ich, was ist denn jetzt wieder los... Als ich diese dicke Frau sehe, Maria heißt sie wohl, wird mir einiges klar. Die beiden scheinen einen langen Weg vor sich zu haben. Und Gepäck nehmen die mit... Und ich soll alles tragen. Scheinbar werden wir mehrere Tage unterwegs sein. Die Frau sollte lieber zu Hause bleiben. So einen dicken Bauch, wie sie hat. Die kriegt bestimmt bald ein Baby. Und da will die noch so weit gehen... Aber ich höre, wie Josef zu Maria sagt, dass sie nach Bethlehem gehen werden, weil sie sich in eine Liste eintragen müssen... Die werden schon wissen, was sie tun. Aber ich glaube, die Frau hat Angst. Immer wieder schaut sie Josef mit traurigen Augen an.

Und so ziehen wir los: Maria mit dem Baby im Bauch, Josef und ich. Anfangs ist mir der Weg noch vertraut. Ich kenne mich aus. Hier bin ich schon des Öfteren gelaufen. Aber je weiter die Stadt Nazareth hinter mir liegt, umso unbekannter wird mir der Weg. Maria ist sehr tapfer. Fast den ganzen Tag schafft sie es zu laufen. Nur ab und zu lehnt sie sich an mich und trinkt etwas. Ich glaub, sie ist ziemlich froh, dass ich bei ihr bin. Langsam wird es Abend. Wir alle sind müde! Aber wo sollen wir jetzt schlafen? Ich wünsche mir meinen schönen warmen Stall hierher. Maria will jemanden fragen, ob sie irgendwo übernachten können. Josef trifft auf der Straße einen Mann und fragt ihn nach einem Zimmer. Josef und Maria haben großes Glück. Der Mann bittet sie in sein Haus und so können sie in einem richtigen Bett schlafen. Ich glaub, Maria und Josef sind dem Mann sehr dankbar. Ich muss natürlich draußen bleiben. Wenigstens gibt es einen Brunnen, an dem ich etwas trinken kann.

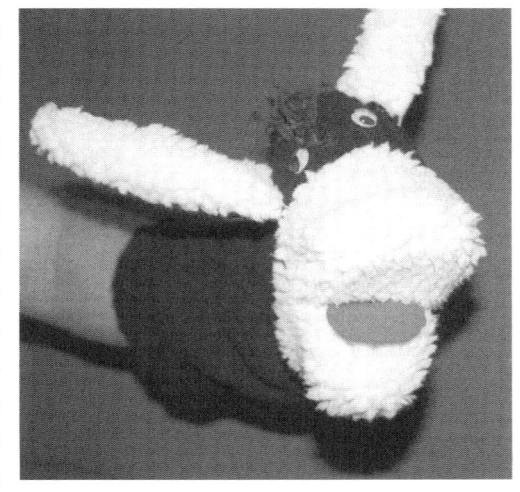

Doch am nächsten Morgen geht die Reise weiter. Heute geht es Maria nicht gut. Sie ist froh, dass ich bei ihr bin. Obwohl es sehr schaukelt, wenn ich laufe, ist Maria dankbar, dass sie nicht den ganzen Weg zu Fuß gehen muss. Am Abend haben Maria und Josef kein Glück. Weit und breit ist kein Dorf zu sehen. Ich bin müde und leg mich einfach in den Wald. Josef findet meine Idee gut. Er und Maria

legen sich zu mir unter einen Baum. Maria kann nicht mehr. Heute ist sie am Ende ihrer Kräfte. Und bevor ich noch über wilde Tiere oder andere Gefahren nachdenken kann, bin ich auch schon eingeschlafen.
Am nächsten Morgen fühl ich mich wieder ausgeruht und kräftiger. Wir ziehen weiter. Tag für Tag. Unser Weg führt uns durch Berge und Täler. In den Dörfern muss Josef immer wieder nach dem Weg nach Bethlehem fragen. Aber die Menschen sind freundlich. Nach einer langen, tagelangen Reise sieht Josef in der Ferne das kleine Dorf Bethlehem. Lange kann es also nicht mehr dauern, bis wir endlich da sind. Maria kann es fast nicht mehr erwarten, nach Bethlehem zu kommen. Sie hat aber auch so einen dicken Bauch, das könnt ihr euch gar nicht vorstellen. Kein Wunder, dass ihr das Laufen schwer fällt. Josef will ihr gerne helfen und meint, ich könne sie doch noch ein Stück tragen. Bis nach Bethlehem ist es nicht mehr weit. Wenn ich dann einen schönen Stall, frisches Wasser und Heu bekomme, dann werde ich Maria bis zu dem Dorf tragen können.
Ich höre, wie Josef zu Maria sagt: „Denk immer daran, was der Engel dir gesagt hat: Gott wird dich nicht alleine lassen. Er wird bei dir sein und dich beschützen. Du musst keine Angst haben "
Alle singen gemeinsam und gehen im Kreis: „Hab keine Angst, Gott wird immer bei dir sein, er wird dich behüten auf dem Weg. Gott lässt dich nicht allein, er wird immer bei dir sein!"
Das sind gute Worte. Die höre auch ich gern. Ja, Gott ist bei uns. Er lässt uns nicht allein. Und nach einigen Stunden kommen wir tatsächlich in Bethlehem an.

Vertiefungsidee   **Wegmeditation**

Materialien:
langes, braunes Tuch, Steine, Äste, Gras, Moos, Schneckenhäuser, Tannenzapfen...

Vorbereitung:
Langes, braunes Tuch spiralförmig auf dem Boden ausbreiten

Erklärung für die Kinder:
„Das ist der Weg, den wir gehen wollen. Darauf liegen Steine (Kinder legen Steine auf das Tuch), darauf liegt Laub, Äste und Gras (Kinder legen Steine, Äste und Gras auf das Tuch). Wir müssen gut aufpassen auf die kleinen Tiere, die hier leben (Kinder legen Schneckenhäuser auf den Weg)."
Alle Kinder dürfen nacheinander den Weg gehen.

Alternative:
Eselspiel:
Es wird versucht, möglichst viele Kissen einem anderen Kind (Esel) aufzuladen.

Lieder

Ich möcht, dass einer mit mir geht (Evangelisches Kindergesangbuch Nr. 211)

Ich persönlich würde nicht zu jeder Geschichteneinheit ein neues Lied einführen und lernen. Sie können auch das Lied „Macht hoch die Tür, die Tor macht weit!" oder „Seht die gute Zeit ist nah!" zu jeder Geschichte vor der Geburt Jesu singen. Ein jeweils unterschiedlicher Liedvorschlag zu jeder Erzählung dient dazu, ein thematisch passendes Lied zu jeder Geschichte parat zu haben, vor allem auch deswegen, weil es gut möglich ist, dass Sie nicht alle Geschichten in dieser Ausführlichkeit erzählen wollen, sondern sich vielleicht eine einzelne Erzählung „rauspicken" möchten. Aber auch wenn Sie alle Geschichten erzählen wollen, sollten Sie unbedingt das Alter der Kinder, die Sangesfreudigkeit und die Lust, neue Lieder erlernen zu wollen, berücksichtigen und gut abwägen, wie sinnvoll es ist, ein neues Lied zu lernen, oder lieber auf ein altbekanntes zurückzugreifen. Ich halte Wiederholungen – gerade für kleine Kinder – sinnvoller, als ständig „Neues" einzuführen.

Guter Gott,
Maria und Josef waren lange unterwegs.
Der Weg war anstrengend,
steinig und manchmal auch gefährlich.
Und es hat lange gedauert,
bis Maria und Josef in Bethlehem angekommen sind.
Das ist fast wie das Warten auf Weihnachten.
Wir bitten Dich: Sei Du auch bei uns,
wenn wir uns auf dem Weg befinden,
wenn wir warten müssen und auch,
wenn wir an unserem Ziel angekommen sind.
Amen.

Wo können wir schlafen?

BIBEL (Lukas 2, 6 und 7)

Und als sie dort waren, kam die Zeit, dass sie gebären sollte. Und sie gebar ihren ersten Sohn und wickelte ihn in Windeln und legte ihn in eine Krippe; denn sie hatten sonst keinen Raum in der Herberge.

WICHTIG

Gott hat auf jeglichen Prunk verzichtet, als er Jesus in die Welt sandte. Er wurde nicht in einem Palast geboren, nicht von einer Königin zur Welt gebracht, nicht in Seidentücher eingehüllt, nicht von einer Vielzahl Verwandter begrüßt. Jesus kam in einem Stall zur Welt. Es waren ärmliche Verhältnisse, weil er genau für solche Menschen auf die Erde kam: Für die, die lange auf dem Weg sind, für solche, die schmutzige Kleider anhaben, für diejenigen, die keinen Wert auf Reichtümer legen. Jesus wurde genau dort hineingeboren, wo ihn die Menschen am nötigsten brauchen: In die niedrigsten Lebensumstände dieser Welt.

Was mein Herz berührt

Beinahe habe ich das Gefühl, wenn ich mir nochmal deutlich mache, was damals passiert ist, dass es scheinbar in jeder Zeit immer nur einzelne, wenige Menschen gab und gibt, die Jesus in ihr Herz ließen und bis heute lassen. Und nicht nur in das Herz, nein auch in die Räume.
Maria war einer der Menschen, die Jesus in ihr „Haus" ließ. Bei ihr fand Gott ein offenes Ohr und ein offenes Herz, um einziehen zu können. Maria ließ Jesus im wahrsten Sinne des Wortes bei sich wohnen. Sie nahm Jesus bei sich auf.

Auch Josef machte für Jesus Platz, obwohl die Situation für ihn alles andere als einfach war. Er stellte sich der Situation und wollte da sein: für seine Verlobte, Maria, aber auch für Gott. Es wäre ein Einfaches gewesen, Maria im Stich zu lassen und sich aus dem Staub zu machen, so wie sie es „augenscheinlich" verdient hätte. Aber Josef blieb treu an ihrer Seite und ließ Jesus in sein Leben kommen.

Aber nicht bei allen Menschen hatte Jesus so viel Glück – ein Schicksal, das sein ganzes Leben bestimmen sollte: Seine Anhängerschaft war groß, aber von Beginn an gab es Menschen, die ihn anfeindeten und eine Gefahr in ihm sahen. Eine Gefahr, dass er zu viel Raum einnehmen oder zu viel Macht gewinnen würde. Ein bisschen scheint mir die Geschichte da schon vorzugreifen, was sich in seinem Leben durchzog wie ein roter Faden: Bei manchen Menschen gab und gibt es in ihrem Leben einfach keinen Platz für Jesus.

So war es auch bei der Herbergssuche. Warum mag es so gewesen sein? Weil man Maria und Josef nicht kannte? Weil sie Fremde waren?! Oder hätte man sie auch nicht aufgenommen, wenn man gewusst hätte, wen man da vor sich hat?! Und ich frage mich durchaus, wer von uns heute für Jesus Platz hätte. Auch wenn wir ihn kennen, würden wir uns Zeit für ihn nehmen, ihn einlassen in unser Haus? Oder ihn doch lieber weiter schicken und darauf hoffen, dass sich andere um ihn kümmern?! Eines steht uns allerdings ganz gewiss nicht zu: über die Menschen damals zu urteilen, weil sie die schwangere Maria und ihren Josef nicht in ihr Haus aufgenommen haben..., denn wer weiß, ob wir heute anderes reagieren würden.

METHODE: Klanggeschichte

Benötigte Materialien:
Instrumente: siehe oben (Anzahl der Instrumente entsprechend der Kinderzahl), Symbolkarten für die Kinder (Maria, Josef, alter Mann, Wirt, Esel,...)

Vorbereitende Tätigkeiten:
Instrumente herstellen oder zusammensuchen; Symbolkarten (siehe Tabelle) vorbereiten.
Vorteil dieser Methode ist, dass alle Kinder aktiv mitmachen können.

Hinführung zur Klanggeschichte:
Vor der Aktion wird mit den Kindern vereinbart, dass die Instrumente wieder zurückgelegt werden, wenn die Erzieherin in die Hände klatscht.

Dann wird vor dem Austeilen der Instrumente der Sprechrhythmus mit Körperinstrumenten geübt: „Hast du ein Zimmer frei!"
Die Kinder bekommen vor der Erzählung die Instrumente und eine Symbolkarte, auf der dargestellt ist, bei welcher Handlung die Kinder ihr Instrument spielen dürfen. Die Kinder dürfen ihr Instrument frei ausprobieren. Im zweiten Schritt können bereits unterschiedliche Lautstärken, Tempi und Spielmethoden vorgestellt und ausprobiert werden, z. B. schnelles und langsames Gehen. (Der Sprechrhythmus „Hast du ein Zimmer frei?" wird nochmal mit Instrumenten geübt!)
Die Verklanglichungen zu den unterschiedlichen Handlungen werden vor der Geschichte mit den Kindern besprochen und geübt.

Wichtig während des Erzählens:
Eine Klanggeschichte muss immer vorgelesen und nicht frei erzählt werden. Der Erzähler muss Pausen machen, in denen die Kinder ihre Instrumente spielen können. Der Erzähler gibt den Einsatz der Instrumente durch Handzeichen vor. Der Erzähler liest die Geschichte spannend und engagiert vor.

Aktion der Kinder:
Die Kinder müssen versuchen, die vorgelesene Handlung zu verklanglichen, z. B. wenn Josef dreimal klopft, muss die Trommel auch dreimal angeschlagen werden, wenn der Statthalter schreibt, erklingen die Schellen der Schellentrommel, wenn er seinen Stempel auf das Blatt Papier drückt, muss die Trommel angeschlagen werden. Wenn die Schritte schneller werden, müssen die Klanghölzer schneller auf den Boden geschlagen werden,...
Es ist sinnvoll die Klanggeschichte zweimal zu spielen!

ERZÄHLUNG

Klanggeschichte

Maria, Josef und der Esel sind müde. Langsam laufen sie nach Bethlehem.	*(Klangstäbe, Handtrommel und Kastagnetten langsam spielen)*
Viele Leute sind schon hier. Viel Lärm ist auf den Straßen.	*(alle spielen mit ihren Instrumenten)*
Maria und Josef gehen mit ihrem Esel zuerst zum Statthalter.	*(Klangstäbe, Handtrommel und Kastagnetten)*
Der Statthalter schreibt sie in die Liste ein.	*(mit der Schellentrommel klingeln)*
Dann sagt er: „Fertig. Danke! Ihr könnt gehen!" Und er haut mit einem Knall seinen Stempel aufs Papier.	*(auf die Schellentrommel schlagen!)*
Maria und Josef sind froh, dass sie es soweit geschafft haben. Jetzt brauchen sie nur noch ein Zimmer. Josef und Maria gehen mit ihrem Esel zum Wirt.	*(Klangstäbe, Handtrommel und Kastagnetten schneller spielen)*
Der hat bestimmt ein Zimmer für sie frei. Josef klopft dreimal an seine Tür.	*(dreimal auf die Handtrommel klopfen)*
Der Wirt macht die Tür auf.	*(auf die Röhrentrommel schlagen)*

Josef fragt: „Hast du ein Zimmer frei?"	*(alle Kinder sprechen und spielen mit ihren Instrumenten rhythmisch mit)*
Doch der Wirt sagt: „Nein".	*(auf die Holzröhrentrommel schlagen)*
Der Wirt schlägt die Tür zu.	*(auf die Holzröhrentrommel schlagen)*
Maria und Josef werden müde. Sie gehen mit ihrem Esel langsam weiter zur nächsten Tür.	*(Klangstäbe, Handtrommel und Kastagnetten langsam spielen)*
Dort wohnt der Kaufmann. Josef klopft dreimal an seine Tür.	*(dreimal auf die Handtrommel klopfen)*
Der Kaufmann macht die Tür auf.	*(auf der Froschreibe spielen)*
Josef fragt: „Hast du ein Zimmer frei?"	*(alle Kinder sprechen und spielen mit ihren Instrumenten rhythmisch mit)*
Doch der Kaufmann sagt: „Nein!"	*(auf der Frosch-Reibe spielen)*
Der Kaufmann schlägt die Tür zu.	*(auf der Frosch-Reibe spielen)*
Maria und Josef werden immer müder. Sie gehen mit ihrem Esel ganz langsam weiter zur nächsten Tür.	*(Klangstäbe, Handtrommel und Kastagnetten langsam spielen)*
Dort wohnt der Bauer. Josef klopft dreimal an seine Tür.	*(dreimal auf die Handtrommel klopfen)*
Der Bauer macht die Tür auf.	*(auf den Topfdeckel schlagen)*
Josef fragt: „Hast du ein Zimmer frei?"	*(alle Kinder sprechen und spielen mit ihren Instrumenten rhythmisch mit)*

Doch der Bauer sagt: „Nein!"	*(auf den Topfdeckel schlagen)*
Der Bauer schlägt die Tür zu!	*(auf den Topfdeckel schlagen)*
Maria und Josef sind geschafft. Sie gehen mit ihrem Esel langsam weiter zur nächsten Tür.	*(Klangstäbe, Handtrommel und Kastagnetten langsam spielen)*
Dort wohnt der Bäcker. Josef klopft dreimal an die Tür.	*(dreimal auf die Handtrommel klopfen)*
Der Bäcker macht die Tür auf.	*(auf die Holzblocktrommel schlagen)*
Josef fragt: „Hast Du ein Zimmer frei?"	*(alle Kinder sprechen und spielen mit ihren Instrumenten rhythmisch mit)*
Doch der Bäcker sagt: „Nein!"	*(auf die Holzblocktrommel schlagen)*
Der Bäcker schlägt die Türe zu.	*(auf die Holzblocktrommel schlagen)*
Maria und Josef sind traurig. Sie können kaum noch laufen. Ganz langsam schleppen sie sich mit ihrem Esel weiter zur nächsten Tür.	*(Klangstäbe, Handtrommel und Kastagnetten langsam spielen)*
Dort wohnt ein alter Mann. Josef klopft dreimal an seine Tür.	*(dreimal auf die Handtrommel klopfen)*
Der alte Mann macht die Tür auf.	*(Triangel spielen)*
Josef fragt: „Hast du ein Zimmer frei?"	*(alle Kinder sprechen und spielen mit ihren Instrumenten rhythmisch mit)*
Der alte Mann sagt freundlich: „Ja! Dort hinten im Stall könnt ihr bleiben!"	*(Triangel spielen)*
Und der alte Mann geht mit Maria, Josef und dem Esel zum Stall.	
Maria und Josef sind sehr froh, dass sie sich nun endlich ausruhen und schlafen können.	

Instrumente für die Personen:

Maria:	Klangstäbe	
Josef:	Handtrommel	
Esel:	Kastagnetten	
Statthalter:	Schellentrommel	
Bauer:	Becken (oder Topfdeckel) und Schlegel	
Wirt:	Holzröhrentrommel	
Kaufmann:	Guiro oder Frosch	
Bäcker:	Holzblocktrommel	
Alter Mann:	Triangel	

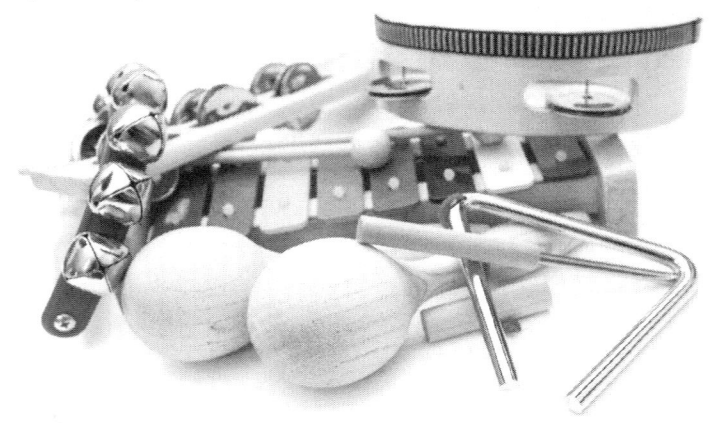

Spiel: Hast du ein Zimmer frei?

Die Kinder sitzen im Stuhlkreis. Es gibt einen Stuhl weniger als Mitspieler.
Ein Mitspieler (vorzugsweise in der ersten Runde die Erzieherin) steht in der Mitte und erklärt das Spiel und demonstriert die ganze Sache.

Die Kinder werden eingeteilt in vier verschiedene Gruppen

- Die Reichen
- Die Armen
- Die Schönen
- Die Fremden

„Es ist nicht schön, wenn einem die Türe vor der Nase zugeknallt wird. Maria und Josef waren sicher sehr traurig, als niemand ein Zimmer für sie hatte und sie immer nur ein „Nein – wir haben kein Zimmer frei" hörten. Jetzt spielen wir ein Spiel, bei dem einer in der Mitte steht. Er geht zu jemanden im Kreis und fragt: „Hast du ein Zimmer frei?" Der Gefragte kann sagen „Nein" – dann muss der in der Mitte Stehende zum Nächsten gehen. Oder er kann sagen „Ja". Dann fragt der in der Mitte zurück: „Für wen?" Der Gefragte kann dann sagen: „Für alle Reichen (oder alle Schönen, oder alle Armen oder auch für die Schönen und Reichen)". Dann müssen die „reichen" Kinder aufstehen und ihre Plätze tauschen und der in der Mitte Stehende sucht sich einen Platz auf einem frei gewordenen Stuhl. Ein Kind wird übrig bleiben und in der Mitte stehen. Es muss sich dann wieder ein Zimmer suchen und alle möglichen Kinder im Kreis fragen. So wie Maria und Josef damals auch!"

Lieder

Macht hoch die Tür, die Tor macht weit (Evangelisches Kindergesangbuch Nr. 26, 1. Strophe)

Lieber Vater,
jetzt waren Maria und Josef endlich in Bethlehem angekommen und sie fanden keinen Platz.
Niemand konnte ihnen ein Zimmer oder ein Bett zum Schlafen geben.
So mussten sie in einem Stall bei den Tieren übernachten.
Auch heute noch gibt es Menschen, die keinen Platz zum Schlafen finden.
Sie haben kein eigenes Bett und schlafen auf der Straße.
Schenke allen Menschen, die einen Schlafplatz suchen einen guten Menschen,
der ihnen hilft.
Lass diese Menschen nicht alleine.
Amen.

Material auf CD-Rom

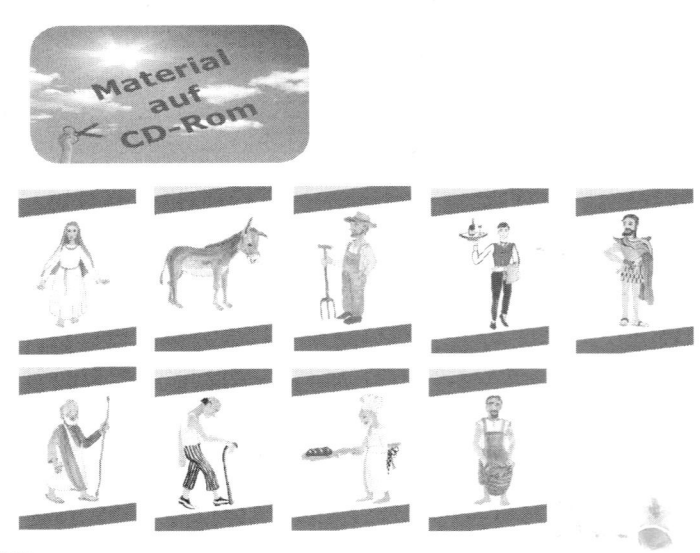

Uns ist ein Kind geboren

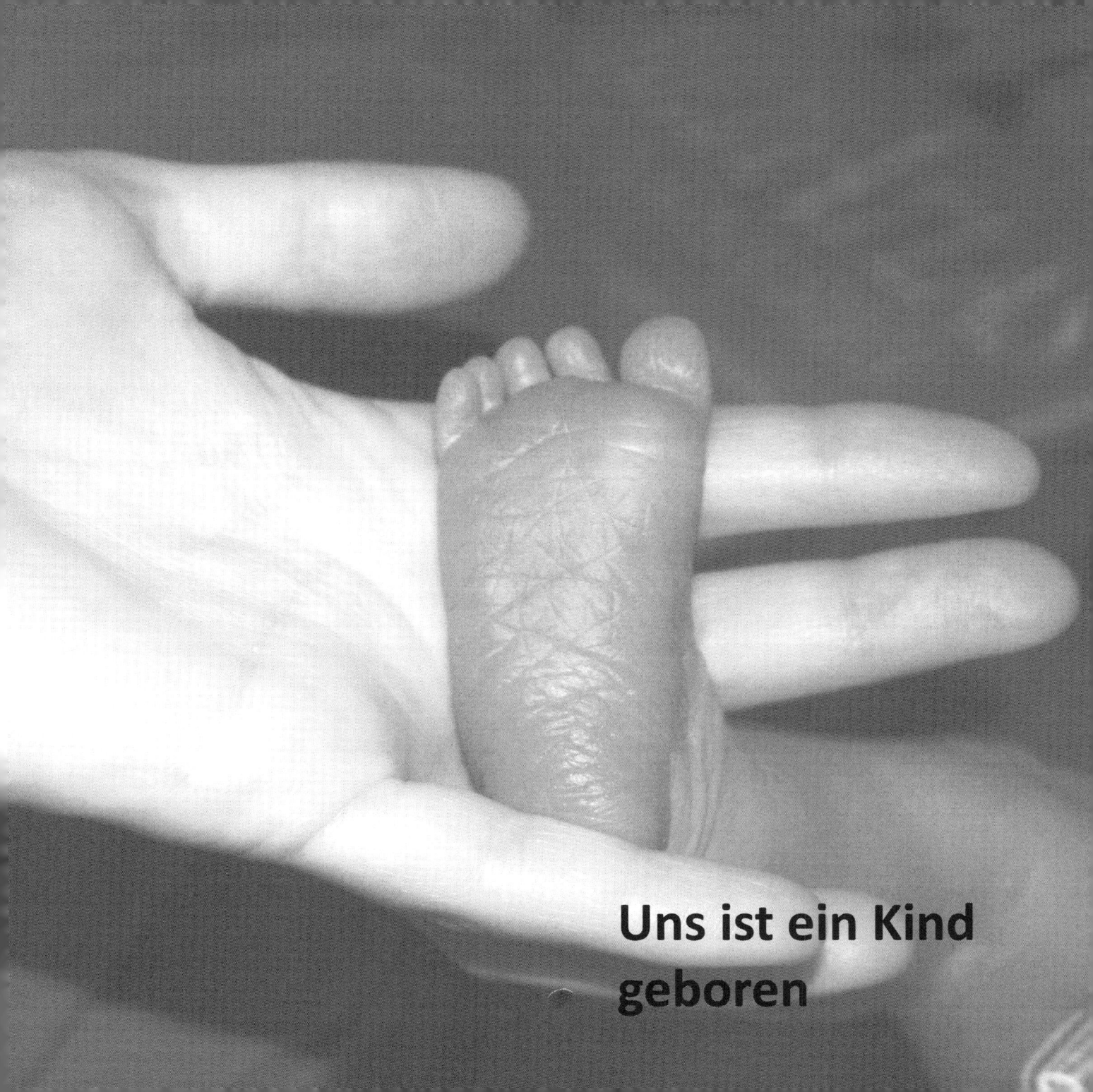

BIBEL (Lukas 2, 6-7 und 21)

Und als sie dort waren, kam die Zeit, dass sie gebären sollte.
Und sie gebar ihren ersten Sohn und wickelte ihn in Windeln und legte ihn in eine Krippe; denn sie hatten sonst keinen Raum in der Herberge.
Und als acht Tage um waren und man das Kind beschneiden musste, gab man ihm den Namen Jesus, wie er genannt war von dem Engel, ehe er im Mutterleib empfangen war.

WICHTIG

In unseren Erzählungen gehen wir immer von „Ochs und Esel" aus. Doch nicht einmal davon ist in der Bibel die Rede weder im Lukas- noch im Matthäus-Evangelium. Allerdings ist bei Jessaja 1,3 folgendes zu lesen: „Ein Ochs kennt seinen Herrn und ein Esel die Krippe seines Herrn; aber Israel kennt's nicht und mein Volk versteht's nicht." Hier wird deutlich, dass Ochs und Esel zu Recht ihren Platz im Stall an der Krippe haben: Ochs und Esel erkennen den Herrn. Sie wissen, wer ihnen Halt und Orientierung gibt, wer sich um sie kümmert, und auf wen sie sich verlassen können. Deswegen stehen in unseren Weihnachtskrippen aus gutem Grunde Ochse und Esel im Stall: Sie wissen zu wem sie gehören.

Was mein Herz berührt

Ob die Situation wirklich so ruhig und beschaulich war, wie ich sie hier schildere, weiß ich nicht. Wie groß mag dieser Stall wohl gewesen sein? Wie viele Tiere mögen darin Platz gefunden haben? Nur die Krippe, in die Jesus gelegt wurde, lässt annehmen, dass in dem Stall Tiere zu Hause waren. Aber ist es nicht anzunehmen, dass viel mehr Tiere dort Platz gefunden haben und nicht nur „Ochs und Esel"?! Stellen Sie sich vor, es war ein Stall mit vielleicht 30 Kühen und 20 Eseln? Vielleicht waren auch noch Schafe dabei? Schnell verwandelt sich dieses romantische und ruhige Bild. Wie mag es dort gerochen haben?! Gab es überhaupt sauberes Stroh? Heute wird ein Kreissaal nach jeder

Geburt desinfiziert..., wie stand es um die hygienischen Verhältnisse damals? Vielleicht hatte Maria Probleme mit dem Stillen, bekam Infektionen oder vielleicht sogar Depressionen?! So sehr ich dieses Bild liebe, das wir jedes Jahr an Weihnachten mit Hilfe unserer Weihnachtskrippen aufstellen, so will ich Sie auch dazu anregen darüber nachzudenken, was die reale Situation für Maria und Josef wirklich bedeutete. Maria und Josef haben großartiges geleistet!

METHODE: Rückengeschichte

Überlegungen:
Jeder, der schon einmal eine Geburt erlebt hat, kennt die Situation extremer Gefühle: Schmerzen, Angst, Verzweiflung, aber auch das überwältigende Glücksgefühl, wenn man das erste Mal im Leben sein Kind in die Arme schließen darf. Es ist unmöglich, dieses Geschehen nachvollziehbar zu beschreiben, und Kindern würde es zudem auch Angst machen. Trotzdem wollte ich, dass sie diese Geburt nachspüren. Nicht in ihren Ängsten und ihren Schmerzen, aber doch in einem Gefühl, das sich über den ganzen Körper hinweg ausbreitet. Deswegen habe ich mich für die Methode der Rückengeschichte entschieden, weil sie weggeht vom visuellen Erleben, hin zum Nach-Spüren und Mit-Fühlen.

Methode:
Durch eine Rückengeschichte soll eine biblische Erzählung noch spürbarer und erlebbarer gemacht werden. Mit den Händen und Fingern wird eine Geschichte auf dem Rücken eines Freundes erzählt. Der Rücken ist wie eine Tafel, die Finger sind die Figuren oder Stifte. Die Geschichte wird zweimal erzählt, jedes Kind darf einmal gestalten und einmal spüren.

Material:
- Jedes Kinder-Paar benötigt eine Matte, damit sich ein Kind drauf legen kann
- Evtl. auch ein kleines Kissen

Wichtig:
Die Methode funktioniert nur in Partnerarbeit
Beteiligungsmöglichkeit der Kinder: Ein Kind tut, das andere erlebt! Dann werden die „Rollen" getauscht.

Vorbereitung:
- Die Geschichte sollte vorgelesen werden. Optimal wäre: eine Person liest die Geschichte, die andere zeigt den Kindern die Bewegungen. Wichtig ist, dass die Kinder eine gute Sicht auf die Vorzeichnerin haben.

Unmittelbar vor der Geschichte:
- Partnerwahl:
Schön wäre es, wenn sich Partner finden, die sich mögen. Berührungen bedürfen auch im Kindesalter einer Behutsamkeit und einer Zwanglosigkeit. Es darf kein Zwang oder Druck ausgeübt werden. Günstig ist es, wenn gleichaltrige Kinder die Übungen zusammen machen. Kleinere Kinder machen die Bewegungen sicher nicht so korrekt und komplett, wie größere Kinder sich das vorstellen. Trotzdem ist das Prinzip der freien Partnerwahl das Wichtigste!
- Auswahl der Position: Die Kinder, die der Geschichte nachspüren dürfen, können liegen oder sitzen (mit angezogenen Knien; der Kopf ruht auf den Knien). Derjenige, der „tut", kniet neben oder hinter seinem Partner.
- Erklärung: Vorher muss den Kindern erklärt werden, dass die Geschichte zweimal erzählt wird. Und jeder mal „spüren" und jeder mal „tun" darf.

Durchführung:
Die Bewegungen und die Gesamt-Erzählung sollen in Ruhe und Gelassenheit ausgeführt werden. Die Erzieherin macht die Bewegungen überdeutlich vor.

ERZÄHLUNG

Es ist Nacht. Maria liegt wach. *(über den Rücken streichen)* Sie denkt an die letzte Woche. Daran, als sie alles zusammenpacken mussten. *(von außen in die Mitte zusammenpacken)* Sie denkt, an den weiten Weg, den sie mit dem Esel nach Bethlehem gegangen sind *(mit den Handflächen auf dem Rücken von unten nach oben gehen)*. Und als sie hier ankommen, ist kein einziges Zimmer frei *(von oben nach unten über den Rücken wischen)*.

Josef liegt neben Maria und schläft. Sie streicht ihm über die Haare *(über die Haare streichen)*. Sie hat ihn so gern. *(Hände ruhen auf den Schultern)* Er lässt sie nicht alleine.

Schön ist der Stall nicht gerade, den sie gefunden haben. Das Stroh piekst sie in den Rücken *(mit den Fingern einzeln in den Rücken bohren)*, und manchmal kommt kalte Luft durch die Stalltüre herein *(in den Nacken blasen)*. Aber es ist besser im Stall zu schlafen als draußen. Hier im Stall sind sie geschützt. Das ist gut *(Hände ruhen auf den Schultern)*.

Maria spürt ein Ziehen in ihrem Bauch. *(zuerst ganz leicht quer über den Rücken streichen)* Mit der Zeit wird es immer schlimmer *(mit mehr Druck über den Rücken streichen)*. Sie hat das Gefühl, dass das Kind bald heraus will. Maria hat Angst. Sie zittert. *(mit den Fingern am Rücken zupfen)* Maria weckt Josef auf: „Josef, ich glaube, das Kind will auf die Welt kommen!" *(mit beiden Händen am Rücken rütteln)* Josef ist sofort hellwach: „Maria, ich bin bei Dir." Er nimmt sie in den Arm *(beide Hände auf die Schultern legen)* und sagt: „Maria denke immer daran, was der Engel zu dir gesagt hat: „Hab keine Angst, Gott wird immer bei dir sein." *(Hände fest aneinander reiben und mit sanften Druck auf den Rücken legen.)*

Ja, an den Engel will Maria jetzt gerne denken. Gott wird ihr helfen. *(Hände fest aneinander reiben und mit sanften Druck auf den Rücken legen.)*

Und so bekommt Maria ihr erstes Kind. Es ist ein Junge. *(Halbkreis von links nach rechts auf den Rücken aufmalen)* Jesus soll er heißen. So wie der Engel es ihr gesagt hatte. *(Hände fest aneinander reiben und mit sanften Druck auf den Rücken legen.)*

Aber Maria sorgt sich um den kleinen Jungen: „Josef, wir haben gar keine richtigen Kleider für das Kind dabei. Es ist viel zu kalt. *(Wind in den Nacken blasen)* Ich will den Jungen einwickeln."

Josef holt die Windeln und Maria wickelt das Kind in Windeln *(von außen in die Mitte zusammenpacken)* und legt ihn in eine Futterkrippe *(Krippe aufmalen)*. Hier ist er geschützt und geborgen. Josef holt für Maria eine Decke und deckt sie zu *(vom Kopf über den Rücken streichen)*. Er nimmt sie in den Arm. Es dauert noch eine Weile, aber irgendwann schlafen alle drei friedlich ein. *(Hände bleiben ruhig auf dem Rücken liegen)*

Vertiefungsidee

- **Lichtertanz (Stille Nacht)**

Vorbereitung:
Kleine Marmeladengläser werden mit Transparentpapier und Tapetenkleister verziert. Die Hälfte der Gläser werden in den Farben Gelb/Rot/Orange gestaltet; die andere Hälfte in den Farben Blau und Grün. In jedes Glas wird etwas Sand gegeben und ein Teelicht hineingestellt.

Grundsätzliches:

- Ein Lichtertanz erfolgt in ruhiger Atmosphäre.
- Es geht weniger um die Bewegung als um den meditativen Charakter.
- Es ist sinnvoll, wenn eine Erzieherin ein rotes Licht trägt und die andere ein blaues.
  Dann können sich die Kinder entsprechend der Farbe an der jeweiligen Person orientieren und „nachmachen".

Ausgangsposition:

- Alle Kinder stehen eng im Kreis beieinander.
- Die roten und blauen Lichter stehen im Wechsel nebeneinander.

Stille Nacht,	*Alle schreiten nach rechts im Kreis*
heilige Nacht.	*Alle schreiten nach links im Kreis*
Alles schläft	*Alle gehen in die Hocke*
einsam wacht	*Nur die Roten stehen auf*
nur das traute hochheilige Paar	*Nur die Blauen stehen auf*
Holder Knabe im lockigen Haar	*Rote gehen nach außen in einen großen Kreis*
Schlaf in himmlischer Ruh	*Blaue gehen nach außen in den großen Kreis*
Schlaf in	*Rote gehen in die Hocke*
himmlischer Ruh.	*Blaue gehen in die Hocke.*

Vertiefungsidee: Bildbetrachtung
Heute wird der Mittelteil des Altarbildes aufgehängt. Es ist sinnvoll, wenn das Bild hängt, bevor die Kinder den Raum betreten. Denn das Bild sollte nur zur Hälfte gezeigt werden: Am besten wird die eine Hälfte (mit den drei Weisen aus dem Morgenland) mit einem Tuch abgedeckt, oder umgeknickt. Die Sterndeuter werden erst aufgedeckt, wenn die Geschichte dazu erzählt wird und die Männer beim Kind ankommen.

Hintergrundinformationen zum Bild:
Rochier van der Weyden malte die Geburtsszene in einem verfallenen, steinernen, ruinenanmutenden Gebäude. Es steht dafür, dass etwas „Altes" vergeht, aber etwas „Neues" durch die Geburt von Jesus Christus entsteht. Ein Stern geht hinter dem Gebäude auf. Ochse und Esel, die im Hintergrund abgebildet sind, sollen darauf hindeuten, dass es sich um einen Stall handelt. Vor dem Esel erkennt man die Futterkrippe, in der der Esel etwas zu fressen vermutet.

Im Hintergrund sind prunkvolle Gebäude zu sehen, die wohl eher wieder die reale Situation des Malers zeigen, als die tatsächlichen Lebensumstände zur Zeit der Geburt Jesu.
Maria trägt wieder ihr feines blaues Kleid, das wir bereits vom ersten Bild kennen. Allerdings trägt sie jetzt einen weißen Schleier um den Kopf, der symbolisiert, dass sie jetzt verheiratet ist. Sie hält mit der rechten Hand ihr neugeborenes Kind auf dem Schoß, mit der linken Hand fasst sie an ihr Herz. Marias Blick fällt fürsorglich auf Jesus.
Jesus liegt nackt auf Marias Schoß. Nur ein weißes Tuch dient als Unterlage. Er hält seine Ärmchen, als würde er sie jemandem entgegenstrecken.
Josef ist als alter Mann dargestellt, der gerade ein paar Stufen hinauf steigt. Er trägt ein punktvolles rotes Gewand und hält in seinen Händen einen Wanderstab sowie seinen Hut. Rot steht für Kraft, große Liebe und für den Glauben und war im Mittelalter eher die Farbe der Männer.
Etwas merkwürdig mag das Kruzifix erscheinen, das hinten an der Wand der Ruine hängt. Als Jesus geboren wurde, gab es diese Zeichen für seinen Tod noch gar nicht. Doch dieses Symbol „schenkt" uns einen Blick in die Zukunft. Jetzt ist Jesus noch ein Baby am Schoß seiner Mutter, aber später wird er für uns am Kreuz sterben.

Zwischen Josef und Maria steht das Geschenk einer der Weisen aus dem Morgenland. Dieses Detail sollte allerdings zu diesem Zeitpunkt der Betrachtung noch nicht verraten werden. Deswegen dürfen die Kinder ganz frei spekulieren, was dies wohl sein könnte...
Der Mann ganz links zeigt den reichen Kaufmann aus Köln, der das Altarbild bei dem Künstler van der Weyden in Auftrag gab.

Methode zur Betrachtung:
Das Bild könnte auf folgende Weise betrachtet werden:
Die Kinder dürfen frei nach dem Spiel "Ich sehe was, was Du nicht siehst..." das Bild erforschen. Sind die Kinder bereits etwas älter, kann das Spiel auch abgewandelt werden: z. B. "Ich rieche was, was Du nicht riechst und das riecht gar nicht gut." (Dies könnte der Inhalt der Futterkrippe sein oder die Windel von Jesus)
Oder: "Ich fühle was, was Du nicht fühlst und das ist ganz weich...." (Das könnte der Mantel von Josef sein) Oder: "Ich spüre was, was Du nicht spürst und das ist ziemlich kalt..." (Das könnte das Wasser in der Futterkrippe sein...)

Lieder

Stille Nacht, heilige Nacht (Evangelisches Kindergesangbuch Nr. 32)

Oh du fröhliche (Evangelisches Kindergesangbuch Nr. 33)

Lieber Gott,
Du hast uns ein großes Geschenk an Weihnachten gemacht.
Du hast uns Deinen Sohn in die Welt geschickt.
Jesus ist geboren.
Das ist ein großer Grund zur Freude.
Und er wird in einem Stall geboren, bei den Tieren.
Nicht in einem Königshaus oder in einer Kirche.
Nein, ganz arm und klein machst Du Dich, um uns nahe zu sein.
Es gibt kein größeres Geschenk!
Danke Gott!
Amen!

Und es waren Hirten auf dem Felde

BIBEL (Lukas 2, 8 - 15)

Und es waren Hirten in derselben Gegend auf dem Felde bei den Hürden, die hüteten des Nachts ihre Herde. Und der Engel des Herrn trat zu ihnen, und die Klarheit des Herrn leuchtete um sie; und sie fürchteten sich sehr. Und der Engel sprach zu ihnen: „Fürchtet euch nicht! Siehe, ich verkündige euch große Freude, die allem Volk widerfahren wird; denn euch ist heute der Heiland geboren, welcher ist Christus, der Herr, in der Stadt Davids. Und das habt zum Zeichen: Ihr werdet finden das Kind in Windeln gewickelt und in einer Krippe liegen." Und alsbald war da bei dem Engel die Menge der himmlischen Heerscharen, die lobten Gott und sprachen:
„Ehre sei Gott in der Höhe und Friede auf Erden bei den Menschen seines Wohlgefallens."
Und als die Engel von ihnen gen Himmel fuhren, sprachen die Hirten untereinander: Lasst uns nun gehen nach Bethlehem und die Geschichte sehen, die da geschehen ist, die uns der Herr kundgetan hat.

WICHTIG

Ganz wichtig bei dieser Erzählung ist mir, die Lebensumstände der Hirten ganz anschaulich zu schildern. Für Kinder sind die Hirten erstmal Menschen, vorwiegend Männer, die auf die Schafe aufpassen. Manchmal sieht man auch bei uns in ländlichen Gegenden noch Schäfer, und genau so stellen sich die Kinder die Hirten von damals vor. Für sie machen „Schäfer" die gleiche Arbeit wie jeder andere Mensch auch. Tatsächlich waren Hirten zur Zeit Jesu allerdings keine Menschen mit einem angesehenen Beruf. Die Schafe, auf die sie aufpassten, gehörten zumeist nicht einmal ihnen selbst. Oft waren sie die Ausgegrenzten aus der Gesellschaft. Sie lebten mit ihren Schafen, draußen in der freien Natur. Sie hatten meistens keinen festen Wohnsitz und waren der Natur bei Wind und Wetter ausgesetzt. Sie verdienten nicht viel und die „zivilisierte Bevölkerung" hatte nicht gerne etwas mit ihnen zu tun, wollte nicht gerne mit ihnen sprechen, oder sie gar bei sich wohnen lassen. Häufig wurden sie als faul angesehen, teilweise sogar verachtet. Interessant finde ich auch die Tatsache, dass sie damals als Zeugen vor Gericht zum Beispiel nicht zugelassen waren, was natürlich etwas darüber aussagt, dass man sie für unglaubwürdig hielt.

Trotzdem hatten Hirten in der Bibel immer eine besondere Bedeutung und Sonderstellung: Abraham war ein Hirte, genauso wie König David. Auch im Psalm 23 wird dem Hirten eine große und bedeutende Rolle zugewiesen: Ein Hirte ist für seine Schafe so wichtig wie Gott für uns Menschen. Ein Hirte kümmert sich, er sorgt dafür, dass die Schafe zu essen und zu trinken haben, dass es ihnen „an Leib und Seele" gut geht. Sie sind auch ein Begriff dafür, jemanden zu beschützen und anderen Gutes zu tun.

Was mein Herz berührt

Die Hirten sollten als erstes von der Nachricht erfahren, dass Jesus geboren wurde. Zu ihnen schickte Gott die Engel, um ihnen diese frohe Kunde mitzuteilen. Gott sah nämlich niemand Geringeren in den Hirten – auch wenn sie unangenehm rochen, schlecht gekleidet waren und vielleicht intelligenter hätten sein können. Gott war und ist das egal. Für ihn war nur eines wichtig: dass sie offen und bereit für Jesus waren. Gott schenkt genau diesen Menschen Beachtung! Er hob sie empor, dadurch, dass sie die ersten waren, die von der Geburt Jesu erfuhren. Er gibt ihnen Würde, die sie von der Gesellschaft niemals erhalten hätten. Weil Gott nicht auf Äußerlichkeiten achtet, sondern den Menschen ins Herz sieht. Und Gott beachtete, dass die Hirten nicht nur unangenehm rochen, er sah, dass Hirten Profis im Aufpassen, im Sich-Kümmern um jemand anderen und im Behüten waren. Genau deswegen waren sie geeignet, um als erstes von diesem Wunder zu erfahren. Sie würden dieses Wunder behüten und bewahren und anderen Menschen davon voller Begeisterung erzählen.

Erzählung als verkleideter „Beteiligter"

Die Erzieherin verkleidet sich mit einem Umhang als Hirte. Aus seiner Perspektive erzählt sie die Geschehnisse.

Wichtig:
Die Leiterin sollte sich vor den Kindern ver- und wieder entkleiden. So wird es klar, wann die Erzieherin eine andere Rolle einnimmt, und wann sie diese wieder ablegt.

Material:
Umhang, Hut und Stock für den Hirten

Vorteile:
- Die Kinder versetzen sich sehr stark in die „spielende" Person. Alle Gefühle und Erlebnisse, die erzählt werden, können die Kinder nachvollziehen, verstehen und sich in die Person einfühlen.
- Die Kinder sind sehr aufmerksam.

Nachteile:
- Die Kinder sind nicht direkt ins Geschehen einbezogen.
- Die Geschichte sollte frei erzählt werden. Dazu muss die Erzieherin sich intensiv mit der Geschichte auseinander setzen. Nur so wirkt das Erlebnis „echt".

ERZÄHLUNG

Der Hirte Thomas erzählt:
„Ich bin der Hirte Thomas. Ich passe hier auf dem Feld auf die Schafe auf. Ein kleines Feuer haben wir heute gemacht. Es ist kalt hier draußen. Wenn ich an die Menschen im Dorf denke, bin ich ein bisschen neidisch auf sie. Sie haben es gut. Sie lassen uns ihre Schafe hüten und sie selbst setzen sich ins warme Haus. Sie haben genug zu essen und zu trinken. Und wir können hier frieren und hungern. Alle Leute im Dorf denken: „Die Hirten, die stinken! Mit denen wollen wir nichts zu tun haben."

Heute bin ich ärgerlich. Die Leute, denen die Schafe gehören, wollten mir kein Geld geben. Sie sagen, wir haben es nicht verdient. Sie sagen, wir sind faul und schlafen, anstatt zu arbeiten. Ich hätte das Geld so dringend gebraucht. Mein Mantel hier hat lauter Löcher. Und die Nächte werden immer kälter. Ich brauch unbedingt einen neuen Mantel. Sonst muss ich noch erfrieren. Am liebsten würde ich keine Schafe mehr hüten. Immer sind wir im Einsatz. Rund um die Uhr. Ständig droht Gefahr, dass ein wildes Tier kommt und die Schafe angreift. Und wenn es wochenlang nicht regnet, dann sind die Schafe beinahe am Verdursten. Sowas haben wir auch schon erlebt. Wenn wir damals nicht immer wieder umhergezogen wären und woanders nach Wasser gesucht hätten, wären die Schafe glatt verdurstet. Von einer Wasserstelle zur nächsten sind wir gezogen. Wie es uns dabei ging, danach hat keiner gefragt. Für uns selbst gab es auch nichts mehr zu trinken. Die Brunnen waren alle leer. Am Bach haben wir noch Wasser gefunden. Aber es war dreckig. Und wir haben Bauchweh davon bekommen. Es war schrecklich. Ein Glück, dass wir das überlebt haben. Aber den Menschen im Dorf wäre das egal, wenn wir gestorben wären. Wir sind in ihren Augen nichts wert.

Es wird immer dunkler. Ich bin schon sehr müde. Es ist ganz still; außer dem Knistern des Feuers hört man nichts.

Doch dann passiert etwas Seltsames. Plötzlich, mitten in der Nacht, wird es hell. Taghell! Ein helles Licht blendet uns. Ich schreie ganz laut: Was passiert denn jetzt? Wir haben große Angst. Wenn ich in die Gesichter der anderen blicke, sehe ich, dass sie ihre Augen weit aufgerissen haben. Ihre Münder stehen offen. Und ich fange an zu zittern!

Plötzlich spricht eine Stimme aus dem Licht. „Fürchtet Euch nicht! Habt keine Angst. Ich bringe Euch eine frohe Nachricht. Denn heute ist der große König geboren, Jesus Christus. Er ist für alle Menschen geboren. Ihr seid ihm wichtig. Auch wenn ihr arm seid, auch wenn ihr Angst habt, auch wenn ihr Falsches tut. Macht euch auf den Weg! Geht hin und seht ihn euch an! Ihr werdet diesen König in Bethlehem finden. Und daran werdet ihr ihn erkennen: Er wird in Windeln gewickelt in einer Krippe liegen."

Und eine ganze Schar von Engeln ist jetzt zu sehen. Sie singen: „Ehre sei Gott in der Höhe und Friede auf Erde bei den Menschen."

Wir sind alle sprachlos, keiner wagt es, etwas zu sagen. Der Gesang der Engel wird allmählich leiser und verschwindet ganz. Es dauert einige Minuten, bis wir uns überhaupt wieder bewegen können. Ein Raunen geht durch unsere Gruppe: „Was war denn das?"

Ich schaue noch immer in den Himmel. Das war ein Engel von Gott! Da bin ich mir ganz sicher. Er hat gesagt, wir sollen nach Bethlehem gehen! Ein König ist geboren. Und wir, die Hirten, haben es als erste erfahren! Aber wieso wir? Keiner mag uns, keiner will etwas mit uns zu tun haben! Und jetzt kommt ein Engel und bringt uns eine solche Nachricht. Gott wollte, dass wir es gleich erfahren, sonst hätte er uns keinen Engel geschickt. Endlich sind wir mal jemandem wichtig! Endlich nimmt uns mal jemand ernst! Auf so etwas haben wir unser ganzes Leben gewartet. Dass uns mal einer mag. Dass wir mal jemandem wichtig sind. Wir müssen los! Wir können nicht bis morgen warten. Nein, ich will das sehen, was uns der Engel erzählt hat.

„Ja!" rufen plötzlich alle Hirten. „Wir wollen es sehen!" Und wir machen uns eilig auf den Weg."

Vertiefungsidee **Spiel: Montagsmaler**

„Die Hirten damals waren sehr arm. Sie hatten fast kein Geld. Sie konnten sich nicht viel kaufen. Aber sie hatten ganz viele Wünsche. Die größeren Kinder dürfen mit mir vor die Türe gehen. Ihnen werde ich ein paar Dinge sagen, die sie für Euch aufmalen dürfen. Diese Dinge hätten die Hirten damals so gerne gehabt und konnten sie aber nicht kaufen. Ihr dürft raten, welche Dinge, das sind."

Kärtchen mit Begriffen bzw. leere Kärtchen, um selbst Begriffe aufzuschreiben, finden Sie auf der CD-Rom.

Lieder

Vom Himmel hoch da komm ich her (Evangelisches Kindergesangbuch: Nr. 35)

Vater im Himmel,
wie schön, dass Du die Engel ausgerechnet zu den Hirten geschickt hast.
Zu den Hirten, die keiner mochte und von denen jeder sagte, dass sie stinken.
Ausgerechnet sie durften zuerst erfahren, dass Jesus geboren war.
Wie glücklich müssen die Hirten darüber gewesen sein.
Auch bei uns gibt es manchmal Kinder, die keiner mag.
Hilf mir, dass ich nett zu ihnen bin.
Denn Du hast alle Menschen gleich lieb!
Du machst keinen Unterschied.
Danke lieber Gott!
Amen!

Material auf CD-Rom

Vorlage-Kärtchen für das Spiel „Montags-Maler"

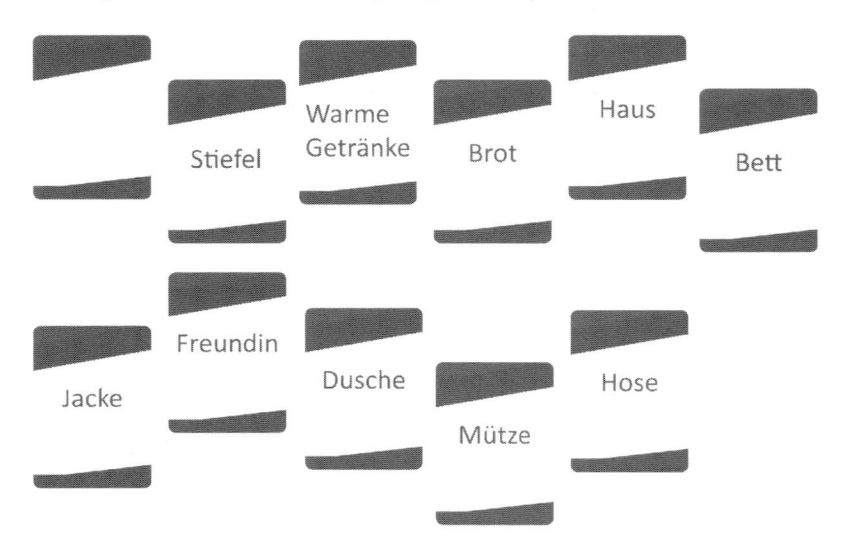

Stiefel Warme Getränke Brot Haus Bett

Jacke Freundin Dusche Mütze Hose

Zwei Schäfchen auf dem Weg zur Krippe

BIBEL (Lukas 2, 8 - 14)

Und es waren Hirten in derselben Gegend auf dem Felde bei den Hürden, die hüteten des Nachts ihre Herde. Und der Engel des Herrn trat zu ihnen, und die Klarheit des Herrn leuchtete um sie; und sie fürchteten sich sehr. Und der Engel sprach zu ihnen: „Fürchtet euch nicht! Siehe, ich verkündige euch große Freude, die allem Volk widerfahren wird; denn euch ist heute der Heiland geboren, welcher ist Christus, der Herr, in der Stadt Davids. Und das habt zum Zeichen: Ihr werdet finden das Kind in Windeln gewickelt und in einer Krippe liegen." Und alsbald war da bei dem Engel die Menge der himmlischen Heerscharen, die lobten Gott und sprachen:
„Ehre sei Gott in der Höhe und Friede auf Erden bei den Menschen seines Wohlgefallens."

WICHTIG

Auch die Schafe bekommen eine eigene Erzählung, weil es mir wichtig ist, dass die Kinder erfahren, dass wirklich jeder einen „Platz" an der Krippe und bei Jesus bekommt, egal wer er ist und was er schon getan hat. Jesus ist für alle da. Egal ob es nun den „Anderen" passt oder nicht. Es darf jeder kommen und jeder wird angenommen, so wie er ist. Obwohl die beiden Schafe so zänkisch sind, obwohl sie viel falsch machen, obwohl das eine weiß und das andere schwarz ist - bei Jesus ist dies völlig egal. Sie sind zu Jesus gekommen und nur das ist wichtig! In der Erzählung um die Hirten und Schafe erfahren wir ganz eindrücklich, dass sich Gottes Liebe und Nähe zuerst und mit Bestimmtheit all denen zuwendet, die „ganz unten" sind. Ihnen gab Gott ihre Würde und Gottesnähe zurück, weil er ihnen die Botschaft, dass Jesus geboren war, als erster brachte.

Was mein Herz berührt

Nun stellt sich auch bei dieser Erzählung wieder die Frage, wieviel Raum und Bedeutung die Engel bekommen. Ich mag die Engel als Boten Gottes. Ich finde die Vorstellung schön, dass Gott Wesen in diese Welt schickte, die seine Botschaft verkündeten. Ich habe lediglich Schwierigkeiten mit der bildlichen Vorstellung der Männer in weißen Gewändern und Flügeln. Obwohl jedes Kind sich einen Engel so vorstellt, will ich mich bezüglich der bildlichen Darstellung der Engel während meiner Geschichten absichtlich zurück halten. Ich lasse die Hirten und Schafe erzählen, was sie erlebt haben. Die Engel treten in dieser Erzählung nur in der Phantasie auf und die Kinder können sich den Engel so vorstellen, wie er in ihr Bild passt.

Erzählen mit Marionettenfiguren

Vorbereitung:
- Herstellung der benötigten Marionettenfiguren mit Stoff, Wolle, Watte, Perlen, Holzkugeln
- Die Figuren können in unterschiedlichen Größen hergestellt werden; für eine große Gruppe eignen sich auch größere Figuren
- Die Vorbereitung braucht etwas Zeit

Erzählung:
Die Marionetten werden während der Erzählung bewegt. Je nach Dynamik der Erzählung langsam, hektisch oder ruhig und sanft. Die Marionetten können entweder mit beiden Händen geführt werden, indem in jede Schlaufe gegriffen wird. Oder die Marionetten können auch mit einem Stock geführt werden, indem eine Schlaufe um den Stock gewickelt wird.
Die Marionetten sind sehr einfach gehalten. So können die Fäden nicht verheddern und der Erzähler kann sich sowohl auf die Geschichte als auch auf die Marionetten konzentrieren. Evtl. kann auch ein Mitarbeiter eine Marionette spielen, ein weiterer spielt eine andere und ein dritter könnte die Geschichte dazu erzählen.

Ende:
Die Kinder können evtl. eine kleine Marionette für sich selbst basteln (je nach Zeit und Bastellaune der Kinder und der Mitarbeiter)
Die Kinder können die Geschichte mit ihren selbstgebastelten Marionetten auch selbst nachspielen.

ERZÄHLUNG

„Mäh!"

Ein schwarzes Schaf kommt aus seinem Versteck.

„Mäh, mäh, ich bin ein ganz trauriges Schaf. Ich bin nämlich ein schwarzes Schaf. Die anderen mögen mich nicht, weil ich anders aussehe. Einige behaupten sogar, ich sei dick. Keiner spielt mit mir, nur weil ich anders bin als die Anderen. Und da habe ich mich versteckt, weil mit mir keiner was zu tun haben will. Ich bin schon ein armes Schaf.
Aber heute Nacht ist etwas Seltsames geschehen. Ein Engel war da und hat unseren Hirten etwas gesagt. Aber ich konnte es nicht verstehen. Ich hab nur gesehen, dass mitten in der dunklen Nacht etwas ganz hell war. Und jetzt sind alle ganz aufgeregt. Ich muss mal horchen, was die Hirten miteinander reden. Das Schaf horcht.
„In Bethlehem ist ein großer König geboren worden – hat der Engel gesagt – eine große Freude ist das für uns! Na, ich weiß ja nicht. Wahrscheinlich will mich dieser König eh nicht sehen. Ein schwarzes Schaf. Das mag eh keiner. Ich geh lieber wieder."

Das schwarze Schaf verschwindet wieder.

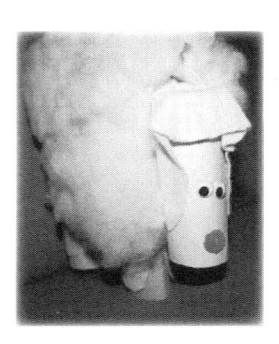

„Mäh!"

Ein weißes Schaf kommt.

„Ich bin ein böses Schaf. Ich habe meinen Kameraden das Gras weggefressen. Und dann habe ich die anderen mit Dreck vollgespritzt. Deswegen mögen sie mich nicht mehr. Keiner spielt mehr mit mir. Aber ich hab doch hier grad noch dieses schwarze Schaf gesehen. Das mag auch keiner. Ich muss mal schauen, wo es steckt!"

Das weiße Schaf sucht das schwarze Schaf. Als sie sich finden, kommen beide aus ihrem Versteck

Das schwarze Schaf ist den Tränen nahe: „Jetzt sind alle weg. Die Hirten und die anderen Schafe. Sie haben uns vergessen. Keiner hat an uns gedacht. Und jetzt sind wir hier ganz alleine."

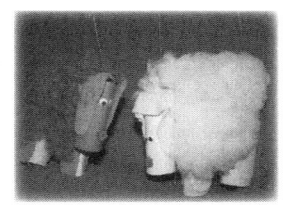

Aber das weiße Schaf lässt den Kopf nicht hängen: „Komm, wir beide könnten doch zusammen nach Bethlehem laufen! Zu zweit wird uns schon nichts passieren."
Das schwarze Schaf hebt den Kopf: „Ja, meinst du denn, dass auch wir beide zu diesem Königskind kommen dürfen? Uns mag doch keiner."
„Ja, ganz bestimmt", meint da das weiße Schaf, „auch wir dürfen kommen. Die Hirten haben es doch gesagt: Dieser König ist für alle geboren. Also auch für schwarze Schafe wie dich und für freche Schafe wie mich. Komm mit!"
Schwarzes Schaf: „Und dieser König mag mich auch, sagst Du? Auch wenn ich anders aussehe als die anderen? – Ja, wenn das so ist, und Du mitkommst, dann gehe ich auch hin. Du – das hat schon lang keiner mehr zu mir gesagt: Komm mit!".
Weißes Schaf: „Da freue ich mich auch, dass ich endlich mal nicht alleine unterwegs bin, sondern dass wir zwei zusammen zu diesem König gehen, zu dem Kind, das da geboren wurde."
Schwarzes Schaf: „Du, dieses Kind muss etwas Besonderes sein. Seinetwegen sind wir beide nicht mehr traurig und allein. Wir sind jetzt zwei Schäfchen auf dem Weg zum Kind."

Vertiefungsidee

Bastelidee:
Schwarze und weiße Schäfchen basteln - eine Vorlage hierfür finden Sie auf der CD-Rom.
Die Kinder schneiden die Schäfchen aus, kleben die Tonpapierseiten passend zusammen und falten die Füße so auseinander, dass die Schäfchen stehen können. Dann werden beide Seiten mit schwarzer oder weißer Watte oder Märchenwolle / Filzwolle beklebt.

Lieder

Ihr Kinderlein kommet (Evangelisches Kindergesangbuch Nr. 34)

Guter Gott,
auch die Schafe haben sich auf den Weg zu Jesus gemacht.
Sogar die schwarzen und die frechen Schafe haben sich getraut.
Der Engel hatte gesagt: Jesus ist für alle geboren.
Also auch für Dich und für mich.
Auch wenn wir manchmal frech sind und nicht alles richtig machen.
Zu Dir dürfen wir immer kommen.
Das ist ein wunderbares Geschenk!
Amen!

Material auf CD-Rom

Vorlage für ein Bastelschaf

Und sie fanden das Kind in einer Krippe liegen

BIBEL (Lukas 2, 16 - 20)

Und sie kamen eilend und fanden beide, Maria und Josef, dazu das Kind in der Krippe liegen. Als sie es aber gesehen hatten, breiteten sie das Wort aus, das zu ihnen von diesem Kinde gesagt war. Und alle, vor die es kam, wunderten sich über das, was ihnen die Hirten gesagt hatten. Maria aber behielt alle diese Worte und bewegte sie in ihrem Herzen. Und die Hirten kehrten wieder um, priesen und lobten Gott für alles, was sie gehört und gesehen hatten, wie denn zu ihnen gesagt war.

WICHTIG

An dieser Geschichte wird nochmal deutlich, wie bereit die Hirten für Jesus waren. „Und sie kamen eilend..." Ohne zu zögern machten sie sich auf den Weg nach Betlehem. Bedingungslos glaubten sie, was der Engel ihnen sagte. Sie wussten, dass dies der bewegendste Tag in ihrem Leben ist. Jetzt mussten sie los. „Jetzt ist die Zeit, jetzt ist die Stunde..." und die Hirten wussten genau, was sie zu tun hatten. Sie überlegten nicht, ob es Wichtigeres zu tun gab, ob sie diese Weide jetzt verlassen könnten, ob sie ihr brennendes Feuer zurücklassen könnten. Nein, sie waren sicher, dass es jetzt nur eines gab: und das war Jesus. Wie stolz mochten die Hirten allen erzählt haben, was die Engel ihnen als Botschaft brachten. Wie gerne erzählten sie die Geschichte immer und immer wieder. Ihnen, denen sonst nie jemand zuhörte. Hier hatten sie erstaunte Zuhörer. Ich kann mir richtig vorstellen, wie sie dies genossen. Und auch der letzte Satz über die Hirten in der Bibel berührt mich: „Die Hirten kehrten wieder um, priesen und lobten Gott für alles, was sie gehört und gesehen hatten..." Wie schön, dass sie ihre Arbeit wieder aufnahmen und dabei nicht vergessen hatten, welches Wunder ihnen da widerfahren war.

Was mein Herz berührt

Ein Gedanke noch zu Maria: „Maria aber behielt alle diese Worte und bewegte sie in ihrem Herzen". Sicherlich waren die Worte der Hirten für Maria nochmal Bestätigung für das, was ihr der Engel Gabriel bereits zu Beginn ihrer Schwangerschaft verkündet hat. Vielleicht fragte sich Maria des Öfteren, ob sie das alles nicht nur geträumt oder eingebildet hatte. Doch hier erzählten ihr die Hirten nochmal etwas ähnlich Unglaubliches. Ich könnte mir vorstellen, dass die Worte der Hirten für Maria Erinnerung und Stärkung ihres Glaubens waren, die sie durch ihr Leben mit Jesus begleitet haben.

Verknüpfung der beiden Methoden:
Erzählung als verkleideter beteiligter Hirte und mit Schafmarionetten.

Hier führe ich die beiden Geschichten der letzten beiden Einheiten nochmal zusammen. Jetzt kommen alle gemeinsam an der Krippe an – Hirten und Schafe. Ich habe es absichtlich vermieden, „das Kind" tatsächlich in eine Krippe zu legen. Die kindliche Phantasie wird sicher dafür ausreichen, um sich diese Szene vorzustellen. Wenn Sie aber lieber eine konkrete Anschauung haben, ist es sicher auch nicht verkehrt, die Szene „nachzustellen". Mir persönlich ist es lieber, dies in der Vorstellungkraft des einzelnen Kindes zu belassen.

Konkrete Umsetzung: Die Erzieherin verkleidet sich mit einem Umhang als Hirte. Aus seiner Perspektive erzählt sie die Geschehnisse.
Wichtig: sich vor den Kindern ver- und wieder entkleiden. So wird es klar, wann die Leiterin eine andere Rolle einnimmt, und wann sie diese wieder ablegt.
Die Schäfchen werden erst in die Hand genommen, wenn sie bei der Krippe ankommen und auch in Aktion treten. Wenn die Schäfchen „sprechen", sollte die verkleidete Leiterin den Blick alleine auf die Schäfchen haben. Sie darf die Kinder nicht anschauen. Gleichzeitig sollte sie immer das Schaf bewegen, das gerade spricht. Auch ein „Verstellen" der Stimme hilft den Kindern einzuordnen, dass gerade die Schafe und nicht der Hirte sprechen.
Wenn Sie möchten, können Sie diese drei Einheiten auch mit den Hirten und den Schafen aus der Weihnachtskrippe nachspielen. Toll wäre es, wenn Sie dafür tatsächlich ein schwarzes Schaf zur Verfügung hätten, eines anmalen oder basteln.

Material:
Umhang, Hut und Stock für den Hirten, Schafmarionetten in greifbarer Nähe

Vorteile:
- Die Kinder versetzen sich sehr stark in die „spielende" Person. Alle Gefühle und Erlebnisse, die erzählt werden, können die Kinder nachvollziehen, verstehen und sich in die Person und in die Schafe einfühlen.
- Die Kinder sind sehr aufmerksam.

ERZÄHLUNG

Die Hirten sind unterwegs. Sie haben es eilig. Ihre Schafe haben Mühe, hinterher zu kommen.
(Die Erzählerin verkleidet sich):
Kurz vor Bethlehem überlegt Thomas nochmal laut: „In einer Futterkrippe soll der neugeborene König liegen. Merkwürdig. Das hört sich so an, als müssten wir in einem Stall nach ihm suchen. Aber in einem kleinen Dorf, in der Nähe von Tieren, da werden doch keine Könige geboren! So kommen einfache Leute zur Welt. Hirten, Menschen wie du und ich! Aber doch kein König. Ein König kommt in einem Schloss zu Welt! Das ist schon komisch!"

Da ist schon der erste Stall. Sie klopfen an und öffnen ganz vorsichtig die Türe. „Hallo!" ruft Thomas. „Niemand antwortet uns. Hier ist es nicht. Wir müssen es beim nächsten Stall versuchen!"
Thomas geht in eine andere Richtung: „Hier sehe ich das schwache Licht einer Kerze durch den Türspalt blitzen: Da muss es sein."

Thomas ist mutig. Er klopft an die Tür und drückt sie einen Spalt auf. „Jetzt sehe ich es: Da sind Maria und Josef und das Kind. Wir stehen in der Tür und können gar nicht weiter gehen. Es wird uns ganz warm ums Herz. Das Kind liegt da, so arm, so klein, so zart. Nur in Windeln eingewickelt, in der Krippe, aus der sonst die Tiere essen. Wir wissen nicht, was wir sagen sollen. Es ist alles genau so, wie der Engel gesagt hat. Da spüren wir, dass hier etwas Großes geschieht. Und wir können kaum fassen, dass wir dabei sein dürfen."

Thomas spricht weiter: „Maria und Josef schauen uns Hirten erstaunt an. Aber sie sind freundlich. Sie schicken uns nicht wieder weg. Wir dürfen näher kommen. Maria will wissen, woher wir kommen und warum wir hier sind. Ich erzähle es ihr: Wir waren draußen auf dem Felde und plötzlich stand der Engel des Herrn vor uns. Und er hat uns gesagt, dass wir nach Bethlehem gehen sollen. Dort ist ein König geboren! Und er liegt in einem Stall in Windeln gewickelt. Und jetzt sind wir hier und sehen, dass alles wahr ist, was der Engel gesagt hat.

„Ich spüre, dass Maria gut zugehört hat. Sie will genau wissen, was passiert ist. Und wir merken, dass es ihr ganz wichtig ist. Sie wird sicher noch oft daran denken.

Jetzt bemerke ich erst, dass immer mehr Schafe in den Stall kommen. „Mäh" hier und „Mäh" da, eigentlich ist der ganze Stall schon voll von Schafen. Die anderen Hirten gehen nach draußen und nehmen ihre Schafe mit sich. Maria und Josef sollen auch etwas Ruhe haben. Als ich schon gehen will, sehe ich, dass zwei ganz besondere Schafe ankommen. Das schwarze Schaf und das freche weiße Schaf."

„Mäh, ich will zuerst rein" blökt das schwarze Schaf.

„Nee, ich bin der Erste, weil ich zuerst die Idee hatte" beschwert sich das weiße Schaf. Doch als sie sich beide in den Stall drängeln, fällt ihr Blick auf das kleine Kind in der Krippe, und sie hören auf zu streiten.

„Mäh – sei doch leise! Schau mal, das Kind, es schläft!" Das weiße Schaf macht ganz große Augen.

„Mäh, du hast recht! Hier ist kein Platz zum Streiten. – Meinst Du, wir können noch etwas näher hingehen?" fragt das schwarze Schaf.

„Diese Frau da, das ist sicher die Mutter! Ob die uns lässt? Naja, sie sieht ganz nett aus. Wenn wir ganz still sind, dann geht es vielleicht!" meint das weiße Schaf.

Ganz leise gehen sie hin und schauen. Hier, bei diesem Kind, ist alles so friedlich.

„Es ist schön, hier zu sein!" flüstert das schwarze Schaf. „Wir durften so kommen, wie wir sind. Hier fühle ich mich richtig wohl."

„Ich habe es dir doch gesagt", flüstert das weiße Schaf zurück. „Dieser König ist für alle da."

Als die beiden den Stall wieder verlassen, warten die Hirten und die anderen Schafe schon auf sie. „Mäh!" sagen die Schafe. „Habt Ihr das Kind gesehen? Wie schön es ist? Mäh! So etwas Schönes haben wir noch nie gesehen!" Thomas beobachtet den ganzen Trubel von der Stalltüre aus und bemerkt: „Auf einmal sind alle nett zueinander. Es ist egal, ob einer frech oder dick oder schwarz ist. Alle haben ein gutes Gefühl in ihrem Herzen."

Gemeinsam mit den Hirten machen sich die Schafe auf den Heimweg. Unterwegs treffen sie immer wieder Leute. Die Hirten erzählen ihnen, was passiert ist. „Es ist wirklich wahr: Wir durften den neugeborenen König als erste sehen! Aber die Leute wundern sich sehr, über das, was wir ihnen sagen. Denn von ihnen weiß noch niemand, dass heute ein König geboren wurde."

Vertiefungsidee

Wissensquiz zu den Hirtengeschichten

Entsprechende Quiz-Kärtchen finden sich auf der CD-Rom

Lieder

Kommet Ihr Hirten (Evangelisches Kindergesangbuch Nr. 31)

Guter Vater,
alle haben sich bei Jesus versammelt.
Jeder durfte kommen.
Die Hirten, die arm waren und die keiner mochte,
die weißen und die schwarzen Schafe,
die frechen und die lieben Schafe.
Für alle war Platz und jeder war glücklich, Jesus zu sehen.
Es ist ein Glück, Jesus kennen zu lernen.
Auch für uns.
Danke, dass Du uns dieses Glück schenkst.
Amen.

Material auf CD-Rom

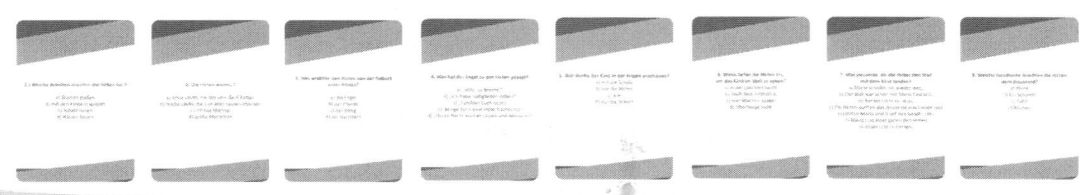

Ein Stern zeigt uns den Weg:
Die Weisen aus dem Morgenland

BIBEL (Matthäus 2, 1 – 12)

Die Weisen aus dem Morgenland
Als Jesus geboren war in Bethlehem in Judäa zur Zeit des Königs Herodes, siehe, da kamen Weise aus dem Morgenland nach Jerusalem und sprachen: Wo ist der neugeborene König der Juden? Wir haben seinen Stern gesehen im Morgenland und sind gekommen, ihn anzubeten. Als das der König Herodes hörte, erschrak er und mit ihm ganz Jerusalem, und er ließ zusammenkommen alle Hohenpriester und Schriftgelehrten des Volkes und erforschte von ihnen, wo der Christus geboren werden sollte. Und sie sagten ihm: In Bethlehem in Judäa; denn so steht geschrieben durch den Propheten (Micha 5,1): »Und du, Bethlehem im jüdischen Lande, bist keineswegs die kleinste unter den Städten in Juda; denn aus dir wird kommen der Fürst, der mein Volk Israel weiden soll.«
Da rief Herodes die Weisen heimlich zu sich und erkundete genau von ihnen, wann der Stern erschienen wäre, und schickte sie nach Bethlehem und sprach: Zieht hin und forscht fleißig nach dem Kindlein; und wenn ihr's findet, so sagt mir's wieder, dass auch ich komme und es anbete.

WICHTIG

Inhaltlich fällt folgendes auf, wenn wir uns den Bibeltext ansehen:
- Kein Wort von Königen!
- Kein Wort von Heiligen!
- Kein Wort von der Anzahl 3!
- Kein Wort von Kamelen oder anderen Tieren!

Und doch spricht jeder von den Drei Heiligen Königen.
Wie ist es möglich, dass sich die Überlieferung so verändert hat, dass fast jede Krippendarstellung, viele Bibelbilderbücher und auch in der Umgangssprache alle von den Drei Heiligen Königen sprechen?!
Warum wurden aus den Weisen Könige? Wahrscheinlich liegt es tatsächlich an den wertvollen Geschenken, die die Menschen dem Jesuskind mitbrachten. Wären Weise oder Sterndeuter aus dem Morgenland wirklich in der Lage gewesen, Gold, Myrrhe und Weihrauch zu schenken?!

Sicherlich war auch die Vorstellung, dass ein König von Königen begrüßt und beschenkt wird, eine einleuchtende Sichtweise. Vielleicht waren die Gedankengänge so, vielleicht auch ganz anders. Die Namen der Könige entstanden im Übrigen erst viel später, etwa im 6. bis 8. Jahrhundert und bedeuten folgendes: Der Name Caspar bedeutet Schatzmeister und kommt aus dem Persischen. Melchior bedeutet König des Lichts und kommt aus dem Hebräischen, ebenso wie der Name Balthasar, der bedeutet „Gott wird helfen!" Die Inschrift C + M + B sagt eigentlich nichts über die Namen der Könige aus, sondern bedeutet: Christus mansionem benedicat" übersetzt: „Christus segne (dieses) Haus!".

Wer machte die Könige, die keine Könige waren, zu Heiligen? In der Katholischen Kirche werden die drei Könige als Heilige verehrt. Daher rührt wohl der Begriff: Heilige drei Könige.

Warum geht man von den drei Personen aus? Sie könnten symbolisch für die unterschiedlichen Lebenslagen und Alter der sich auf den Weg gemachten Personen stehen: die Jungen, die Mittleren und die Alten. Oder man glaubt der Annahme, dass es sich von den drei Geschenken herleitet, die in der Bibel erwähnt sind. Wenn drei Geschenke überreicht wurden, müssen es auch drei Personen gewesen sein, die das Kind besuchten. Die „drei" könnte auch daher rühren, dass die „Könige" aus drei unterschiedlichen Kontinenten angereist waren oder drei unterschiedliche Hautfarben hatten. Viele Erklärungen sind möglich.

Und wir wollen hoffen, dass sie diese lange Reise nicht ohne ein Tier antreten mussten. Deswegen entstand wohl sehr schnell in den Köpfen der Menschen das Bild davon, dass es Kamele waren, weil diese bestens für so eine weite Reise geeignet erschienen.

Häufig wird der Stern über dem Stall als Komet dargestellt. Allerdings war wohl ein anderes astronomisches Phänomen am Himmel zu sehen. Wahrscheinlich entstand dieser maximal leuchtende, helle Stern durch eine sehr seltene Verbindung von Jupiter und Saturn, wie der Astronom Johannes Kepler um das 16. Jahrhundert herum feststellte. Eben dieses Sternbild sei am 5. Dezember im Jahre 7 vor Christus aufgetreten, genau das Jahr, das inzwischen als Geburtsjahr Christi am wahrscheinlichsten gilt. Die Menschen in biblischer Zeit sahen Sterne als Möglichkeit, Hinweise von Gott zu bekommen. Und weil der Saturn als Stern der Juden und Jupiter als Königsplanet galt, wurde diese Kombination als Zeichen gedeutet, dass in Judäa ein neuer König geboren wurde. Matthäus beschreibt die Geburt von Jesus als Ereignis, das nicht nur die ganze Welt betraf, sondern den gesamten Kosmos.

Was mein Herz berührt

Da machten Männer, kluge Männer, Weise – so nannte Martin Luther sie –, eine Entdeckung am Himmel. Es könnten Sterndeuter aus Babylonien und Persien gewesen sein. Laut griechischer Übersetzung waren es Magier, die von der damaligen Bedeutung her keine Zauberer waren, sondern sich mit Astrologie – also den Sternen - beschäftigt haben. Und diese Männer, gewiss keine frommen Juden, sondern wohl eher Heiden, also Menschen, die nicht an Gott glaubten, sahen einen Stern am Himmel aufgehen. Und entsprechend ihrer Aufzeichnungen waren sie der festen Überzeugung, etwas Großes sei geschehen. Und sie waren gewiss, dass es sich lohne, für dieses „Große" aufzubrechen und danach zu suchen. Vielleicht mussten sie ihre Familien zurücklassen, vielleicht waren sie Tage oder sogar Wochen oder vielleicht noch länger unterwegs, um einem Stern nachzufolgen, auf einem Weg mit ungewissem Ziel. Wie oft auf ihrer Reise haben sie wohl darüber nachgedacht, ob es sich tatsächlich lohnt, diesen Weg gegangen zu sein, ob es der richtige Weg war und ob sie ihr Ziel jemals erreichen würden?

Und dann kamen sie nach Jerusalem, in die Stadt der frommen Juden, und keiner hatte etwas davon gehört, dass hier ein König geboren wurde – ihr König?! Erst die Schriftgelehrten wurden nach langer Suche fündig und erkannten, dass in den Prophezeiungen tatsächlich geschrieben stand, dass in Bethlehem der neugeborene König zu finden wäre.

König Herodes war von seiner Macht so besessen, dass er es unmöglich zulassen konnte, einen anderen „neugeborenen" König heranwachsen zu sehen. Deswegen wuchs wahrscheinlich schon in dem Moment, als er die Weisen auf den Weg schickte, um nach dem neugeborenen König zu suchen, ein perfider Plan in seinem Kopf. Genau an dieser Stelle endet auch meine Geschichte. So bleibt den Kindern etwas von der Spannung erhalten, wie denn die Geschichte nun weitergeht.

Die grausame Episode des Kindermordes von Bethlehem und somit auch die Flucht nach Ägypten habe ich aus meiner Erzählreihe herausgehalten. Gerade für kleinere Kinder erschien sie mir zu grausam.

METHODE Erzählen mit Sprechzeichnen

Vorüberlegungen:
Die gesamte Geschichte in eine Erzählung zu packen, erschien mir für kleine Kinder zu viel und zu lang. Mir ist es wichtig, dass sie die gesamte Erzählzeit über aufmerksam dabei sein können, deshalb sollte nicht länger als sieben bis zehn Minuten erzählt werden.

Materialien:
großes Blatt Papier oder Papierrolle, bunte Stifte, ausgeschnittener Goldstern

Vorgehen:
- Die Erzählung wird während des Sprechens aufgemalt.
- Durch das Knicken des Blattes kann der Weg, den die Weisen gehen, immer fortgeführt werden.

Vorteile der Methode:
- Die Kinder können das Erzählte bildlich vor sich sehen.
- Die Fantasie der Kinder wird wenig beeinträchtigt, weil die Figuren eher symbolhaft und wenig konkret sind.
- Das Bild baut sich langsam auf, deshalb können die Kinder gut folgen.
- Der Erzählfluss wird durch die begleitende Darstellung nicht unterbrochen.
- Es kann mit einem weißen Papier oder auch auf einer Overheadfolie erzählt werden.

Wenn Sie nicht selbst malen möchten, können Sie Karten für das Kamishibai von der CD-Rom ausdrucken, oder Sie legen die einzelnen Figuren auf den Tageslichtprojektor und erzählen anhand der Figuren diese Geschichte.

ERZÄHLUNG

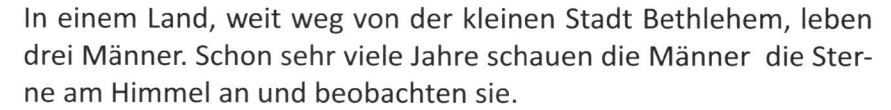

In einem Land, weit weg von der kleinen Stadt Bethlehem, leben drei Männer. Schon sehr viele Jahre schauen die Männer die Sterne am Himmel an und beobachten sie.

Eines Tages sehen die Männer einen hellen Punkt am Himmel. Dieser Punkt sieht aus wie ein riesiger Stern. Aber noch niemals haben sie so etwas gesehen. Die Männer sind aufgeregt. „Was könnte das bedeuten?" fragen sie immer wieder. Sie schauen in ihren Büchern nach und besprechen sich. Plötzlich sagt einer von den dreien: „Jetzt hab ich's! Hier steht es! Es ist etwas ganz besonderes passiert: Ein König wurde geboren!"

„Ein großer König?" Die drei haben nichts davon gehört. Keiner hat ihnen etwas davon berichtet. Aber in den Büchern steht es. Deshalb muss es wahr sein. Doch wo sollte dieser König zur Welt gekommen sein?

„Kommt, wir wollen loslaufen und sehen, wo dieser große König geboren wurde", sagen sich die Männer. Alle drei sind sehr neugierig und wollen unbedingt wissen, was passiert ist. Sie wollen sehen, wie der König aussieht und wo er wohnt.

Sie packen ihre Sachen, ihr Essen und ihr Trinken in ihre Koffer. Dann holen sie ihre Kamele und ziehen los.

Auf dem Weg sprechen sie immer wieder darüber: „Wie sieht der König aus? In welchem Schloss wohnt er wohl? Welche Kleider hat er an?" Sie wünschen sich so sehr, dass sie den König sehen dürfen. Weit müssen die Männer laufen.

Weil es so heiß ist, suchen sich die Männer am Tag Schatten und Schutz. Sie versuchen zu schlafen. In der Nacht packen sie ihre Sachen wieder auf die Kamele und ziehen weiter. Immer dem Stern hinterher. Sie glauben ganz fest daran, dass der Stern sie zu dem neugeborenen König bringen wird.

Viele Nächte sind sie dem Stern gefolgt. Jetzt sehen sie in der Ferne die Stadt Jerusalem. Eine große Stadt mit vielen Lichtern. Vielleicht ist hier der König zur Welt gekommen.

Als sie in die Stadt kommen, fragen sie die Leute: „Wo ist hier das Schloss? Wo ist der neugeborene König?" Aber die Menschen haben nichts davon gehört, dass ein König geboren wurde.

Die Leute schicken die drei Männer weiter: „Im Schloss wohnt König Herodes. Geht zu ihm! Wenn einer es weiß, ob ein König geboren wurde, dann er!"

89

Und so kommen die drei Männer zum Schloss von König Herodes. „Was wollt ihr Männer aus dem fremden Land?" fragt er sie.

Die Männer antworten: „Wir haben einen Stern aufgehen sehen. Und sind ihm gefolgt. Es muss ein großer König geboren sein! Und wir sind hier, um ihm Geschenke zu bringen!"

König Herodes wird blass: „Ein neugeborener König?" denkt er. „Wer soll das sein? Hier gibt es nur einen König, und der bin ich!" Er bekommt Angst. „Sagt mir alles, was ihr wisst, Männer! Wann habt Ihr den Stern das erste Mal gesehen? Wo habt ihr ihn gesehen? Wie lange seid Ihr schon gelaufen?" So viele Fragen hat König Herodes. Und so viel Angst hat er.
„Der Stern hat uns bis hierher geführt. Es muss hier irgendwo sein!"

König Herodes denkt nach: „Wie könnte ich herausfinden, wo dieser neugeborene König ist? Wer könnte mir da weiterhelfen?" Er ruft seine Diener zu sich und sagt zu ihnen: „Lasst alle klugen Leute aus dem ganzen Land kommen. Sie sollen uns helfen, diesen König zu finden."

König Herodes muss herauskriegen, wer dieser König ist und wo er wohnt. Alle klugen Leute des Landes kommen und bringen ihre großen Bücher mit. Sie blättern und suchen. Einer hat eine große Papierrolle dabei. Die breitet er auf einem großen Tisch aus. Er beugt sich darüber und sucht und sucht. Plötzlich hat er es gefunden: „König Herodes: In Bethlehem! Hier steht es, der neue König soll in Bethlehem zur Welt kommen."

König Herodes kratzt sich am Kopf und überlegt: „In der kleinen Stadt wurde ein neuer König geboren? Und es kommen fremde Leute aus einem anderen Land bis zu uns, um ihn zu sehen? Dann muss das wirklich ein ganz besonderer König sein. Jetzt ist er zwar noch ein Baby, aber eines Tages wird er groß und stark sein. Dann kommt er vielleicht und will mir meine Sachen wegnehmen. Aber das lasse ich mir nicht gefallen!"

Zu den drei Männern sagt er: „Ihr habt es gehört: Der neue König ist in Bethlehem zur Welt gekommen. Kommt wieder zu mir, wenn ihr ihn gefunden habt! Ich möchte ihn nämlich auch gerne besuchen."

Während die drei Männer weiterziehen, überlegt König Herodes, was er machen soll, wenn sie den neuen König gefunden haben.

Vertiefungsidee

Bastelidee: Sterne ausschneiden, basteln….

Lieder

Lied: Heller Stern, du hast die Weisen (Evangelisches Kindergesangbuch Nr. 41)

Guter Gott,
die drei klugen Männer haben sich auf eine lange Reise gemacht.
Sie wollten unbedingt den neugeborenen König kennen lernen.
Und niemand hatte etwas von ihm gehört. Erst als sie alle Bücher herausholten,
haben die Menschen gefunden, dass Jesus in Betlehem geboren ist.
Hoffentlich werden sie Jesus bald finden.
Sei bei allen Menschen, die dich suchen und noch nicht gefunden haben.
Amen.

Ausschneidebogen für die Scherenschnitte sowie (Kamishibai-)-Erzählkarten

**Und sie taten
ihre Schätze auf...**

BIBEL (Matthäus 2, 10 -12)

Als sie nun den König gehört hatten, zogen sie hin. Und siehe, der Stern, den sie im Morgenland gesehen hatten, ging vor ihnen her, bis er über dem Ort stand, wo das Kindlein war. Als sie den Stern sahen, wurden sie hocherfreut und gingen in das Haus und fanden das Kindlein mit Maria, seiner Mutter, und fielen nieder und beteten es an und taten ihre Schätze auf und schenkten ihm Gold, Weihrauch und Myrrhe. Und Gott befahl ihnen im Traum, nicht wieder zu Herodes zurückzukehren; und sie zogen auf einem andern Weg wieder in ihr Land.

WICHTIG

Interessant finde ich an dieser Bibelstelle, dass die drei Weisen, Maria und das Kind (Josef war nicht dabei) in einem Haus und nicht in einem Stall fanden. War zwischen der Geburt und dem Eintreffen der Weisen so viel Zeit vergangen, dass Maria, Josef und das Kind bereits in einer anderen Unterkunft wohnen konnten, oder war die Übernachtungsmöglichkeit im Stall vielleicht doch nur von kurzer Dauer, weil die Ankömmlinge für die Volkszählung schnell wieder abreisten? Oder wusste Matthäus, als er diese Geschichte niederschrieb, gar nichts von der Erzählung und der Überlieferung von Lukas und hat deshalb den Stall nicht erwähnt?
Ich habe versucht, meine Erzählungen so nah wie möglich an der biblischen Übersetzung zu halten. Trotz allem habe auch ich mich an drei Männer gehalten, um die Kinder nicht zu verwirren. Sollte ein Kind fragen, warum von Weisen und nicht von Königen erzählt wird, kann man durchaus erwähnen, dass in der Bibel nicht von Königen, sondern von Weisen geschrieben wird, dass wir letztendlich nicht genau wissen, ob es nun Sterndeuter oder einfach kluge Männer waren. Und sie brachten auf jeden Fall sehr kostbare Geschenke mit, die auch Könige hätten mitbringen können, weil sie besonders wertvoll waren.

Was mein Herz berührt

Es gibt ganz unterschiedliche Überlieferungen, warum die drei Weisen aus dem Morgenlande ausgerechnet Gold, Weihrauch und Myrrhe als Geschenke mitbrachten. Eine Deutung ist, dass Gold geschenkt wurde, weil es einem König gebührt, Weihrauch ist für Gott bestimmt und Myrre, die sehr bitter schmeckt, deutet schon auf den Tod von Jesus hin. Eine andere Symbolik spricht davon, dass das Gold für die Armut der Mutter als Geschenk gebracht wurde, Myrrhe für die Gesundheit von Jesus und Weihrauch um den Gestank im Stall zu dämpfen... In meiner Geschichte habe ich eine Variante gewählt, die vielleicht für die Kinder einleuchtend erscheint. Ich denke, dass es sinnvoll ist, am Ende der Geschichte nochmal kurz darauf einzugehen, dass Gott den Männern einen anderen Weg wies, um in die Heimat zurückzukehren und nicht mehr bei König Herodes vorbeizuschauen, obwohl sie es ja versprochen hatten. So können die Kinder die Spannung, was Herodes mit dem Kind machen würde, nachdem er es gefunden hätte, getrost „vergessen", weil die Gefahr durch die Botschaft des Engels nun scheinbar gebannt wurde.

ERZÄHLUNG

Jetzt erst bemerken die drei Männer: Der Stern ist noch nicht stehen geblieben. Er zieht immer noch weiter. Sie waren wirklich noch nicht am Ziel angekommen.

In Bethlehem endlich bleibt der Stern stehen. Genau über einem Haus. Die drei Männer schauen sich an: „Jetzt sind wir also am Ziel. Hier muss er sein, der neugeborene König. Wer hätte das gedacht?" Aufgeregt sind sie, und voller Freude. Gleich werden sie das Kind sehen. „Wie sieht das Kind wohl aus? Und seine Eltern? Werden sie freundlich zu uns sein? Oder werden sie uns wieder wegschicken? Sie kennen uns ja gar nicht! Vielleicht lassen Sie uns gar nicht in das Haus hinein?"

Einer der drei ist mutig! Er klopft an die Tür und schaut vorsichtig durch den Türspalt. Als er das kleine Kind und seine Mutter sieht, macht er die Tür ganz auf. Sprachlos stehen die Männer da. Sie sind glücklich, am Ziel zu sein! Die Mutter sieht die Männer freundlich an und lässt sie hereinkommen. Keiner schickt sie wieder fort. Sie dürfen sich setzen. Immerzu müssen sie das Kind anschauen.

Endlich findet einer der drei seine Sprache wieder: „Wir freuen uns so sehr, hier zu sein. So viele Tage waren wir unterwegs. Manches Mal wären wir am liebsten umgekehrt. Aber jetzt haben wir euch gefunden. Danke, dass wir hier sein dürfen."
Maria freut sich sehr über diesen Besuch. Drei fremde Männer kommen und besuchen ihr Kind. Das ist wirklich etwas ganz Besonderes.

Die drei Männer sprechen zu Jesus: „Weil wir uns so freuen, dass wir Dich sehen können, möchten wir Dir gerne etwas schenken!" Und die drei Männer bringen ihre Geschenke zu Jesus:
„Wir haben Dir Gold mitgebracht, kleiner Jesus. Gold ist sehr wertvoll, genau wie du. Du bist wertvoll. Du wirst für viele Menschen wertvoll sein.

Und wir haben Dir Myrrhe mitgebracht. Myrrhe hilft bei allen möglichen Krankheiten. Es hilft den Menschen, gesund zu werden. Wir wünschen Dir, dass Du gesund bleibst.

Und wir haben Dir Weihrauch mitgebracht. Weihrauch riecht sehr gut. Wir verwenden es bei uns im Gottesdienst. Weihrauch ist etwas Besonderes. Genau wie du.

Wir danken Dir, dass wir hier sein dürfen, kleiner Jesus. Das ist für uns das größte Geschenk in unserem Leben. Es macht unser Leben wertvoll und reich, dass wir Dich sehen dürfen! Du bist jetzt schon der König in unseren Herzen. Eines Tages wirst Du ein großer König für viele Menschen sein!"

Nachts im Traum erscheint den Männern ein Engel, der ihnen sagt, nicht zu König Herodes zurückzukehren. Deshalb verabschieden sie sich von Maria, Josef und dem Jesuskind und kehren glücklich auf einem anderen Weg nach Hause zurück.

Vertiefungsidee

Spiel: Ein Stern wandert
Bei leiser Musik stehen die Kinder eng im Kreis beieinander. Ihre Hände haben sie auf dem Rücken. Ein Kind steht im Kreis. Es soll entdecken, bei welchem Kind sich der Stern befindet. Unauffällig geben die Kinder am Rücken den Stern zum Nachbarkind weiter – er darf in beide Richtungen weitergereicht werden. Wurde der Stern gefunden, wechselt das Kind in der Mitte den Platz mit dem Sternhalter.

Bildbetrachtung
Im Anschluss an diese Geschichte könnte man sich mit den Kinder um das zur Hälfte abgedeckte Altarbild versammeln und mit den Kindern darüber spekulieren, was der Maler wohl auf der anderen Hälfte gemalt hat. Waren es die Hirten? Oder die Schafe? Oder beide? Oder waren es die drei Weisen aus dem Morgenlande und ihre Geschenke? Die Spannung, was sich unter dem Tuch verbirgt, wird dadurch noch erhöht.

Hintergrundinformationen zum Bild:
Auf dem Bild sieht man den Stall, der als Ruine dargestellt wurde und fast wie eine Bühne wirkt, auf der sich das Wesentliche direkt vor unseren Augen abspielt.

Auf der rechten Bildhälfte erkennt man die drei Weisen aus dem Morgenland. Sie sind prächtig gekleidet und obwohl sie keine Krone tragen, ist durchaus anzunehmen, dass der Maler in ihnen die „Heiligen drei Könige" gesehen hat. Sie tragen edle und wertvolle Stoffe und Felle, die zum Teil mit Gold bestickt sind. Wer anderes könnte einem Kind zur Geburt so prunkvolle Geschenke wie Weihrauch, Myrre und Gold mitbringen?

Der Weise vorne im Bild kniet vor Jesus und Maria und greift nach der Hand des Kindes. Es sieht aus, als wolle er demütig die Hand des Jungen küssen. An seinem Gewand ist ein prall gefüllter Beutel mit Geld zu erkennen. Sein Geschenk hat er schon überreicht, es steht zwischen Josef und Maria.

Der zweite Mann ist gerade im Begriff sich vor Jesus hinzuknien. Er verhält sich, als wäre er kein König, sondern ein Diener. Der Mann hält sein Geschenk zur Übergabe an Jesus bereit.

Der dritte Besucher steht noch vor Jesus. Er bekommt sein Geschenk gerade von einem Diener gereicht. Es sieht beinahe aus, als würde er zu einer tiefen Verbeugung vor Jesus ansetzen. Zu seinen Füßen liegt ein kleines Lamm.

Als Zeichen der Würdigung und der Ehrfurcht haben die Männer ihre Hüte vor dem Kind abgenommen.
Im Hintergrund sind die Gefolgsleute der drei Weisen aus dem Morgenland zu sehen. Sie scheinen in Scharen darauf zu warten, einen Blick auf das Kind werfen zu dürfen. Insgesamt wirkt die Geburtsszene doch sehr prunkvoll, im Gegensatz zu den ärmlichen Bildern, die wir sonst von der Geburt Jesu im Kopf haben. Der Maler wollte das Großartige zum Ausdruck bringen; dass Gott seinen Sohn zu uns auf die Erde schickte, um uns von unseren Sünden zu erlösen.
Im Hintergrund ist Bethlehem zu sehen, es ist gemalt, wie eine alte Stadt damals ausgesehen hat.

Methode zur Bildbetrachtung:
Die zweite Hälfte des Bildes wird aufgedeckt und gezeigt. Heute bekommen alle Kinder eine leere Küchenpapierrolle. Sie dürfen nun mit Hilfe dieses „Fernrohres" das Bild betrachten. Jedes Kind darf sich dabei ein oder zwei Details merken, die ihm besonders wichtig erscheinen und sie im Anschluss an die Betrachtung den anderen Kindern mitteilen. Wichtig ist der Hinweis an die Kinder, dass die Entdeckungen erst

nach der Betrachtung „verraten" werden dürfen.
Sollten noch wichtige Details fehlen, nachdem die Kinder ihre „Erkenntnisse" weitergegeben haben, können in einer zweiten „Runde" nochmals Dinge spielerisch mit dem Fernrohr entdeckt werden, z. B. solche, die besonders wertvoll sind, oder welche, die die Kinder merkwürdig finden…

Lieder

Stern über Bethlehem (Evangelisches Kindergesangbuch Nr. 42)

Guter Vater,
wie froh waren die klugen Männer, als sie Jesus im Stall gefunden haben.
So lange und so weit sind sie gelaufen.
Sie haben ganz tolle und wertvolle Geschenke für Maria und Jesus mitgebracht,
weil sie so glücklich waren, dass sie Jesus besuchen konnten.
Darüber haben sich die beiden sicher gefreut.
Ich freue mich auch, wenn ich ein Geschenk bekomme.
Und wenn ich jemanden etwas schenken kann, ist das auch etwas Schönes!
Lass uns die Menschen nicht vergessen, die nicht so viel haben wie wir.
Vielleicht können wir ihnen auch etwas schenken, damit sie sich freuen können.
Amen!

Material auf CD-Rom

Kunstbild - farbig und in Graustufen

**Jesus ist da.
Das Warten
hat ein Ende!**

BIBEL (Lukas 2, 22-36)

Jesu Darstellung im Tempel. Simeon und Hanna

Und als die Tage ihrer Reinigung nach dem Gesetz des Mose um waren, brachten sie ihn nach Jerusalem, um ihn dem Herrn darzustellen, wie geschrieben steht im Gesetz des Herrn (2.Mose 13,2; 13,15): »Alles Männliche, das zuerst den Mutterschoß durchbricht, soll dem Herrn geheiligt heißen«, und um das Opfer darzubringen, wie es gesagt ist im Gesetz des Herrn: »ein Paar Turteltauben oder zwei junge Tauben« (3.Mose 12,6-8). Und siehe, ein Mann war in Jerusalem, mit Namen Simeon; und dieser Mann war fromm und gottesfürchtig und wartete auf den Trost Israels, und der Heilige Geist war mit ihm. Und ihm war ein Wort zuteil geworden von dem Heiligen Geist, er solle den Tod nicht sehen, er habe denn zuvor den Christus des Herrn gesehen. Und er kam auf Anregen des Geistes in den Tempel. Und als die Eltern das Kind Jesus in den Tempel brachten, um mit ihm zu tun, wie es Brauch ist nach dem Gesetz, da nahm er ihn auf seine Arme und lobte Gott und sprach: Herr, nun lässt du deinen Diener in Frieden fahren, wie du gesagt hast; denn meine Augen haben deinen Heiland gesehen, den du bereitet hast vor allen Völkern, ein Licht, zu erleuchten die Heiden und zum Preis deines Volkes Israel. Und sein Vater und seine Mutter wunderten sich über das, was von ihm gesagt wurde.

Und Simeon segnete sie und sprach zu Maria, seiner Mutter: Siehe, dieser ist gesetzt zum Fall und zum Aufstehen für viele in Israel und zu einem Zeichen, dem widersprochen wird – und auch durch deine Seele wird ein Schwert dringen –, damit vieler Herzen Gedanken offenbar werden.

WICHTIG

Josef und Maria bringen ihren Jesus zur Darbringung in den Tempel. Es war kein „besonderes Ritual" das Jesus damals erfahren hat, nein es war schlichtweg Brauch.

Josef und Maria waren aus folgenden Gründen gekommen:

- Jesus sollte im Tempel beschnitten werden und seinen Namen erhalten.
- Maria erbrachte das Reinigungsopfer, das die Mutter nach Beendigung des „Blutflusses" nach der Geburt erbringen musste. In ihrem Fall waren es zwei Täubchen, wie die Bibel beschreibt. Dies war sozusagen die Mindestopfergabe, für ganz besonders Arme. Mehr konnten sich Josef und Maria nicht leisten.

🌀 Die Erstgeburt musste „ausgelöst" werden. Das erstgeborene Kind einer Familie gehörte dem Gesetz nach Gott. Es musste mit Geld „ausgelöst" werden. Diese Auslösung bezeichnete man als Darstellung.

Simeon erkannte Jesus und es stellt sich die Frage, warum Simeon diese Erkenntnis hatte. Schließlich traten Josef, Maria und Jesus als „normale", ärmliche Familie auf. Nichts deutete auf ihre Sonderstellung hin; kein Heiligenschein und auch kein Engel, der über der Familie schwebte. Die „Heilige" Familie machte den Eindruck einer ganz normalen Familie und trotzdem wusste Simeon, wen er vor sich hatte. „… und der Heilige Geist war mit ihm…" genau deswegen erkannte Simeon Jesus als den Heiland. Dieses Geschenk, Jesus zu erkennen, wurde nicht allen zuteil. Aber weil Simeon den Heiligen Geist in sich trug, hatte er die Fähigkeit, den Heiland zu erkennen. Das war keine Leistung seiner selbst, das war ein Geschenk Gottes. Trotzdem, und dies war durchaus Simeons Verdienst; er war bis zum Ende seines Lebens offen geblieben. Er hielt nicht fest am Vergangenen, an Kleinigkeiten oder Leiden. Die Hoffnung, dem Heiland am Ende seines Lebens zu begegnen, öffnete ihn. Er war offen für Menschen, für Situationen und Begegnungen. Es ist wunderbar, wenn man sich diese Fähigkeit bis ins hohe Alter erhalten kann.

Und dann am Ende seines Lebens sagen kann: „Nun kann ich in Frieden sterben!"

Simeon erlebte alles, was für ihn wichtig war. Er wusste, die Welt ist nicht verloren: Der Retter ist da!

Was mein Herz berührt

Stellen Sie sich dieses Szene einmal bildlich vor: Maria legt dem alten Mann Simeon dieses kleine Baby in den Arm. Ich sehe die Augen des Simeon strahlen. Hier vollzog sich eine zauberhafte Begegnung: Der Lebensanfang traf auf das Lebensende. Eine unglaublich feinfühlige und anrührende Szene, die sich vor unserem inneren Auge abspielt.

Jetzt kommt aber noch ein ganz anderer Aspekt in das Geschehen: Simeon wartete Zeit seines Lebens auf Jesus. Und er war sich dessen bewusst, dass er erst in Frieden sterben konnte, wenn er diesen Heiland gesehen hatte. Ein unglaubliches Glücksgefühl und einen tiefen inneren Frieden konnte er in diesem Moment erleben.

Kinder kennen die Situation warten zu müssen. Auf den Geburtstag, auf Weihnachten, auf die Untersuchung, wenn man beim Kinderarzt im Wartezimmer sitzt… Sie haben eine Vorstellung davon, wie langsam Zeit verstreichen kann, vielleicht noch mehr, als wir Erwachsenen. Deswegen haben die Kinder großes Verständnis für den alten Simeon, der doch so lange, eigentlich sein ganzes Leben auf Jesus wartete. Und sie können die Freude nachempfinden, als er endlich Jesus in seine Arme schließen konnte.

Bildbetrachtung mit sich zusammenfügenden Elementen eines Bildes

Manche Bilder erschließen sich besonders intensiv, wenn man Teile abtrennt und erst nach und nach während der Erzählung ergänzt. Ich verwende den rechten Teil des Altarbildes von Rogier van der Weyden für diese Erzählung.

Material: Bild auf Folie gedruckt, Schere, Overheadprojektor, Leinwand

Vorbereitung:

- Das Bild wird auf Folie gedruckt (funktioniert mit einem normalen Tintenstrahldrucker).
- Das Bild wird sorgfältig in seine Einzelteile geschnitten.

Vorteile:
- Das Erzählte wird durch das Auflegen der Folieneinzelteile unterstützt.
- Die Neugierde der Kinder wird geweckt, weil sich das Bild erst nach und nach zusammensetzt.

Hintergrundinformationen zum Bild

Maria und Josef bringen ihr erstgeborenes Kind in den Tempel. Maria trägt wieder ihr prächtiges blaues Kleid mit dem weißen Schleier. Josef, diesmal im Hintergrund abgebildet, seinen roten Mantel.
Vorne im Bild ist eine Frau mit Hut und grünem Kleid abgebildet. Mit der rechten Hand rafft sie ihr Kleid etwas nach oben, in der linken Hand hält sie einen Korb mit zwei Täubchen. Es ist wahrscheinlich, dass Josef und Maria diese Täubchen mit zum Tempel gebracht haben, um sie aus Dankbarkeit für ihren erstgeborenen Sohn zu opfern. Nachdem die Frau in grün den Korb mit den Täubchen trägt, ist es anzunehmen, dass der Maler andeuten wollte, dass sie eine Magd ist. Doch nachdem sie so kostbar gekleidet ist und einen eleganten Hut trägt, ist

wohl damit gemeint, dass sie eine Dienerin Gottes darstellen soll. Vielleicht sollten sich die Menschen, die diese Malerei in Auftrag gegeben hatten, in dieser Dienerin wiedererkennen?!

Maria und Josef befinden sich unserem Anschein nach in einer Kirche. Dieses Gebäude soll den Tempel symbolisieren. Um den Menschen mehr Möglichkeit zu geben, der Szene „nahe" zu sein, hat Rogier van der Weyden das Gebäude doch sehr kirchenähnlich gestaltet.

Die Außenmauern „der Kirche" waren im Mittelteil des Altarbildes schon zu erkennen.

Rechts im Vordergrund ist ein alter Mann zu sehen, er trägt ein blaues Kleid mit einem roten Umhang. Es ist Simeon. Er bekommt von Maria den kleinen Jesus überreicht. Und er erkennt ihn sofort: Das ist der Messias. Der Sohn Gottes. In goldener Farbe sind Simeons Worte in lateinischer Sprache, die er beim Erkennen des Gotteskindes sagte, ins Bild gemalt.

Hanna, die alte Frau neben Simeon wird Zeugin dieses besonderen Augenblicks. Sie wird die erste sein, die später den Menschen in Jerusalem über die Geburt von Jesus erzählen wird.

Auch andere Menschen rechts im Hintergrund beobachten die Szene voller Neugierde.

ERZÄHLUNG

Simeon schüttelt nachdenklich den Kopf. „Die Menschen hier haben so viel Angst. Ganz verzweifelt sind sie manchmal. Sie haben Angst vor der Dunkelheit, vor dem Gewitter, vor Krankheiten. Manche haben Angst, dass sie sterben müssen. Und das Schlimmste ist: keiner ist da, der sie tröstet. Keiner versteht die Menschen hier so richtig. Alle fühlen sich so alleine."

Elisabeth geht auf Simeon zu. Auch sie hat Angst. Sie hört so oft Streit zwischen den Menschen. Mit Simeon kann sie sich unterhalten. Er ist nett und er versteht sie. Sie erzählt Simeon: „Ich glaube, den meisten hier ist es egal, wie es dem anderen geht. Als ich mal krank war, ist keiner gekommen, der mich besucht hat. Keiner war da, und hat sich um mich gekümmert. Darüber war ich sehr traurig.
Und weil die Menschen so traurig und alleine sind, werden sie manchmal sogar böse zueinander. Sie fangen an zu streiten. Wegen Kleinigkeiten kriegen sie sich in die Haare."
Simeon versteht Elisabeth: „Und ich glaube nicht, dass es nur hier bei uns in Jerusalem so ist. Nein, sicher ist es auf der ganzen Welt genauso. Das ist einfach furchtbar. So kann es doch nicht weiter gehen."

Simeon ist schon ein alter Mann. Viel hat er erlebt. Heute geht er wieder in das große Haus – in den Tempel, um zu beten. Hier ist er ganz nahe bei Gott. Hier fühlt er sich wohl.
Als Simeon in diesem Tempel sitzt, da fallen ihm plötzlich die Worte seiner Oma wieder ein. So oft hat sie ihm davon erzählt, als er noch ein Kind war: „Simeon", hat sie immer gesagt, „einer wird kommen, der wird die Menschen gern haben. Er wird auch die Leute gern haben, die sonst keiner mag. Er wird die Menschen trösten, wenn sie traurig sind. Er wird ihnen von Gott erzählen. Er wird den Menschen sagen, was sie besser machen können. Er wird ihnen helfen zu leben, wie es Gott gefällt. Glaub mir, Simeon, dieser Mann wird kommen. Du wirst es noch erleben!"
Und Simeon denkt: „Ja, so jemanden bräuchten wir hier ganz dringend. Einen, der uns hilft, der uns tröstet, der uns versteht. Aber jetzt warte ich schon so lange. Es muss doch jetzt bald geschehen, dass dieser „Eine" kommt. "
Ja, Simeon ist wirklich schon alt. Aber bis jetzt hat sich nichts verändert. Alles ist wie immer. Im Gegenteil. Simeon hat das Gefühl, die Menschen werden immer grausamer zueinander. Alles wird immer schlimmer.
Eines Tages ist Simeon wieder im Tempel. Dort, wo er so gerne betet. Da kommen ein Mann und eine Frau mit einem kleinen Kind herein. Irgendetwas ist besonders an diesem Kind. Neugierig geht Simon ein bisschen näher hin. Maria, hört er, so heißt die Mutter und Josef der Vater. Sie sind gekommen, um das kleine Baby in den Tempel zu bringen. Maria und Josef wollen Gott

für ihr kleines Kind danken. Und Simeon will immer näher heran. Er hat ein Kribbeln im Bauch. „Was ist das nur?" überlegt er. Das Baby strahlt so eine Ruhe aus. Es ist so friedlich, so warm, ganz besonders. Simeon will das kleine Kind auf den Arm nehmen. Er will ganz nah bei dem Baby sein.

„Soll ich Maria mal fragen? Was wird sie mir wohl sagen? Würde sie es erlauben, dass ich das Baby mal halte?" Simeon nimmt seinen ganzen Mut zusammen und fragt Maria: „Bitte, darf ich das Kind in meine Arme nehmen?" Maria ist ganz erstaunt. Ein wildfremder Mann will ihr Baby nehmen. „Soll ich es ihm geben? Wer ist denn dieser Mann? Und wenn er es fallen lässt? Nachdem der Mann aber hier im Tempel ist, ist er sicherlich ein guter Mann. Er schaut auch ganz lieb auf meinen Jesus", denkt sie. Und Maria legt ganz vorsichtig das kleine Kind in Simeons Arme.
Simeon ist glücklich wie noch nie in seinem Leben. Er weiß: „Das ist Gottes Sohn. Das ist der, auf den ich so lange gewartet habe." „Jesus heißt er", sagt seine Mutter. Ja, das ist Jesus. Simeon will am liebsten laut schreien. Er hat sein ganzes Leben lang darauf gehofft, diesen Sohn von Gott kennen zu lernen. Und jetzt, jetzt kann er ihn im Arm halten. Das ist das größte Geschenk, das er je bekommen hat.

Elisabeth öffnet gerade in diesem Moment die Tür des Tempels. Sie sieht, wie eine Frau Simeon ein Kind in die Arme legt. Sie geht näher ran: „Hier geschieht etwas ganz Besonderes", denkt sie. „Simeon sieht so glücklich aus, wie ich ihn noch nie vorher in meinem Leben gesehen habe."

Simeon betet ganz laut zu Gott: „Ich danke Dir, dass ich dieses Kind sehen durfte. Dieses Kind wird allen Menschen Gutes bringen. Dieser Jesus wird Licht zu den Menschen tragen." Maria und Josef wundern sich sehr, was dieser Mann alles sagt. Aber sie spüren, dass Jesus diesen Mann glücklich macht. Simeon sagt zu Maria: „Gott schütze dich und deine kleine Familie."

Wichtig:
Das rechte Altarbild sollte neben den anderen beiden Altarbildern aufgehängt werden und zur Betrachtung einige Zeit hängen bleiben.

Vertiefungsidee

„Ich habe Euch eine Sanduhr mitgebracht. Diese drehe ich jetzt mal um, und wir alle wollen ganz still warten, bis die Sanduhr abgelaufen ist."

„Das hat ganz schön lange gedauert. Vielleicht ist manchen von Euch schon ein bisschen langweilig geworden! Es ist gar nicht so einfach zu warten. Und noch dazu so lange. Der Simeon hat fast sein ganzes Leben lang auf Jesus gewartet. Wir warten auch manchmal. Worauf wartest denn du manchmal?!" – Die Antworten der Kinder könnten so aussehen: Auf den ersten Schultag, auf den Geburtstag, auf Weihnachten, auf Geschenke, darauf, bei der Autofahrt endlich anzukommen….

„Ich will mal einigen von Euch ins Ohr flüstern, was wir tun können, wenn wir warten. Diejenigen, denen ich es zugeflüstert habe, dürfen es nicht verraten. Aber sie müssen es den anderen vormachen – ohne Worte!"

Pantomime-Spiel:
Pantomime-Karten finden Sie auf der CD-Rom

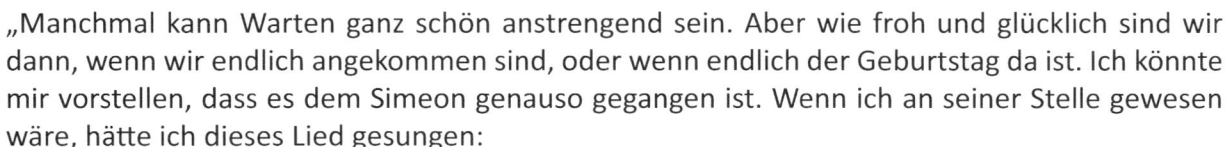

Lieder

„Manchmal kann Warten ganz schön anstrengend sein. Aber wie froh und glücklich sind wir dann, wenn wir endlich angekommen sind, oder wenn endlich der Geburtstag da ist. Ich könnte mir vorstellen, dass es dem Simeon genauso gegangen ist. Wenn ich an seiner Stelle gewesen wäre, hätte ich dieses Lied gesungen:

„Wenn ich fröhlich bin, dann klatsch ich in die Hand…"

Guter Gott,
Simeon hat sein ganzes Leben auf Dich gewartet.
Wir können uns gar nicht vorstellen, wie lange das ist.
Für mich war die Zeit vor Weihnachten schon so lange,
oder wenn ich auf meinen Geburtstag warte, dauert es auch so lange.
Da zähl ich jeden Tag.
Und Simeon hatte so viel Geduld und erst als er ganz alt war, hat er Jesus gesehen.
Dann war alles gut für ihn.
Danke, dass er Jesus noch sehen durfte.
Das war das größte für ihn.
Amen.

Material auf CD-Rom

Pantomime-Karten - farbig und in Graustufen

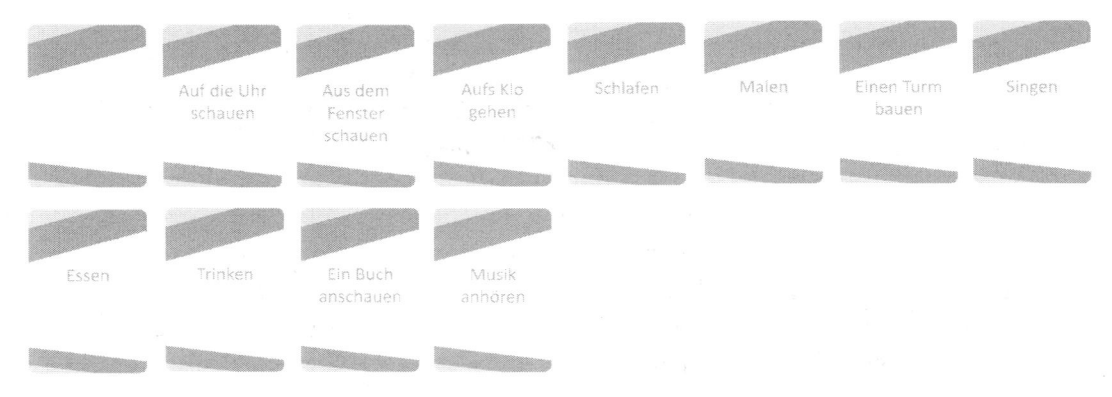

| Auf die Uhr schauen | Aus dem Fenster schauen | Aufs Klo gehen | Schlafen | Malen | Einen Turm bauen | Singen |

| Essen | Trinken | Ein Buch anschauen | Musik anhören |

Der zwölfjährige Jesus im Tempel

(Lukas 2, 41-52a) Der zwölfjährige Jesus im Tempel

Und seine Eltern gingen alle Jahre nach Jerusalem zum Passafest. Und als er zwölf Jahre alt war, gingen sie hinauf nach dem Brauch des Festes. Und als die Tage vorüber waren und sie wieder nach Hause gingen, blieb der Knabe Jesus in Jerusalem und seine Eltern wussten's nicht. Sie meinten aber, er wäre unter den Gefährten, und kamen eine Tagereise weit und suchten ihn unter den Verwandten und Bekannten. Und da sie ihn nicht fanden, gingen sie wieder nach Jerusalem und suchten ihn. Und es begab sich nach drei Tagen, da fanden sie ihn im Tempel sitzen, mitten unter den Lehrern, wie er ihnen zuhörte und sie fragte. Und alle, die ihm zuhörten, verwunderten sich über seinen Verstand und seine Antworten. Und als sie ihn sahen, entsetzten sie sich. Und seine Mutter sprach zu ihm: Mein Sohn, warum hast du uns das getan? Siehe, dein Vater und ich haben dich mit Schmerzen gesucht. Und er sprach zu ihnen: Warum habt ihr mich gesucht? Wisst ihr nicht, dass ich sein muss in dem, was meines Vaters ist? Und sie verstanden das Wort nicht, das er zu ihnen sagte. Und er ging mit ihnen hinab und kam nach Nazareth und war ihnen untertan. Und seine Mutter behielt alle diese Worte in ihrem Herzen. Und Jesus nahm zu an Weisheit, Alter und Gnade bei Gott und den Menschen.

Dies ist die einzige Kindheitsgeschichte Jesu, die in der Bibel niedergeschrieben wurde. Ich mag diese Geschichte sehr, weil Jesus damit zum Freund der Kinder wird. Jesus war nicht immer groß und wichtig, nein auch er war Kind und hat nicht immer das getan, was seinen Eltern gefallen hat. Damit kommt er unseren Kindern sehr nahe.
Die Menschen pilgerten damals jedes Jahr von ihrem Heimatort nach Jerusalem. Teilweise nahmen sie diese Strapazen nicht nur einmal im Jahr auf sich, sondern sogar dreimal. Zumindest aber zum Passafest, das an den Auszug aus Ägypten erinnerte, traten die Menschen diese Reise an.
Die Aussage, dass Maria und Josef Jesus drei Tage lang suchten, wird häufig so interpretiert, dass die Suche bereits begann, als sich alle auf den Heimweg machten (1. Tag der Suche). Als sie ihn nicht fanden, kehrten sie wohl am nächsten (dem 2. Tag) nach Jerusalem zurück. Dort suchten sie ihn in Jerusalem (3. Tag) und fanden ihn schließlich.

Was mein Herz berührt

Jesus wirkt in dieser Geschichte für seine 12 Jahre bereits recht erwachsen und selbstbewusst. Er durfte sich scheinbar völlig frei in Jerusalem bewegen, losgelöst von seinen Eltern. Er hielt es nicht einmal für nötig, seinen Eltern Bescheid zu sagen, wohin er ging und was er vorhatte. Scheinbar war ihm nicht bewusst, dass seine Eltern sich Sorgen machen könnten. Genauso empfing Jesus seine Eltern dann auch, als Maria ihn endlich im Tempel erblickte. Er fragte sie: „Warum habt ihr mich gesucht?" Jesus hatte sich bereits mit seinen zwölf Jahren zu einer eigenständigen Persönlichkeit entwickelt, die nicht mehr alles das tat, was seine Eltern von ihm erwarteten.

Auch über einen Rollenkonflikt, in dem sich Jesus sicherlich nicht nur einmal in seinem Leben befand, erfährt man. Er saß zwischen zwei Stühlen: einerseits wollte er seinen Eltern gehorchen und das tun, was die Menschen von ihm erwarteten, andererseits war er Gott viel näher und fühlte sich dem verpflichtet, was seinem „göttlichen" Auftrag entsprach. Dabei konnte er es nicht allen recht machen. Jesus musste sich entscheiden. Hier sprach er genau dies aus: „Wisst ihr nicht, dass ich sein muss in dem, was meines Vaters ist?"

Maria ließ ihrem 12jährigen Sohn viel Freiraum – vielleicht wuchsen die Kinder aber zur damaligen Zeit nicht so behütet auf wie heute – vielleicht war es „normal" sein Kind mit Freunden einen weiten Weg zurück in die Heimatstadt antreten zu lassen, und darauf zu hoffen, dass er „in der Menge mitläuft"! Wenn Sie überlegen, dass zwölfjährige Mädchen zur damaligen Zeit bereits verheiratet wurden, mag Ihnen der Freiraum Jesu vielleicht in einem anderen Licht erscheinen.

Marias Sorge um Jesus, als sie ihn so lange Zeit nicht fand, kann ich gut nachvollziehen. Als Mutter kann man vor Sorge nicht mehr klar denken, wenn das Kind verschwunden ist. Trotzdem bin ich etwas erstaunt, dass Maria so gar nicht verstand, als ihr Jesus erklärte, „... dass er doch da sein muss, in dem, was seines Vaters ist..." . Sie hätte wissen müssen, dass er ein ganz besonderes Kind war: Der Sohn Gottes. Der Engel hatte ihr dies schon bei der Verkündigung erzählt. Die Hirten erzählten von den Engeln, die Weisen aus dem Morgenland von dem Stern, der alleine wegen Jesu Geburt aufgegangen war, Simeon der in dem kleinen Jesus schon den Heiland erkannte.... Hatte Maria all diese Ereignisse wieder vergessen oder verdrängt? Wollte sie nicht wahrhaben, dass dieses Kind nicht ihres war, sondern einen göttlichen Auftrag zu erfüllen hatte?! Verdrängen wir als Eltern nicht alle die Tatsache, dass wir unsere Kinder nur ein Stück auf ihrem Weg begleiten dürfen?! Kinder gehören nicht ihren Eltern. Jesus zeigte dies seinen Eltern ganz deutlich. Mit der großen Besonderheit, dass er ganz zu Gott gehörte.

Methode: Erzählung mit geschminkten Händen

Material:
Schminkfarben, Pinsel, Wasser

Vorbereitung:
Die Hände der Erzählerin werden geschminkt.
Auf die eine Hand wird Maria geschminkt, auf die andere Hand Josef.

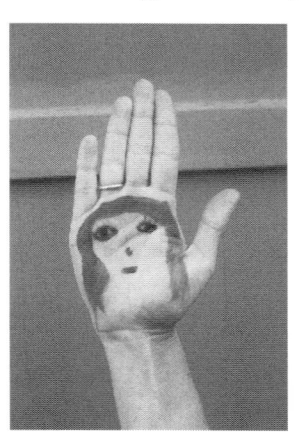

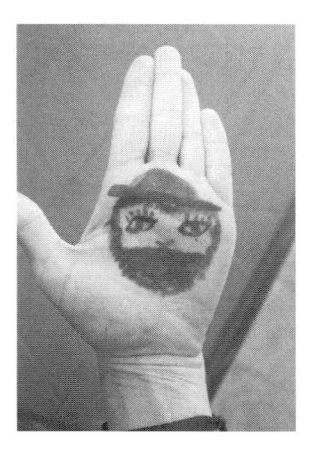

Auf die Rückseite der Josef-Hand wird Jesus aufgemalt.

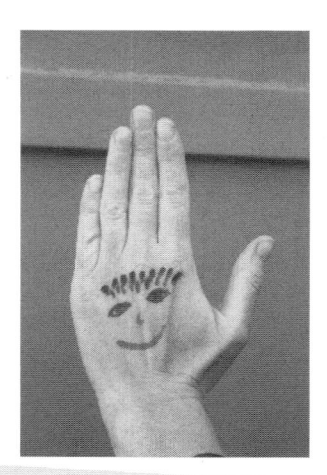

Jedes Kind bekommt ein Gesicht in den Handteller gemalt.

Methodisches Vorgehen während der Erzählung:
Die Geschichte vom 12jährigen Jesus im Tempel wird erzählt. Während Maria und Josef sprechen, wird die entsprechende Hand bewegt. Maria und Josef fragen alle möglichen Leute (Hände): „Hast Du unseren Jesus gesehen?" Die Hände antworten „Nein!" Als Maria und Josef zurück in Jerusalem sind, und auch dort Jesus überall suchen, fragen sie wieder die „Hände": „Hast Du unseren Jesus gesehen!" Aber keiner hatte Jesus gesehen.
Nachdem Maria Jesus im Tempel findet, tritt Josef in den Hintergrund. Deswegen ist Jesus auf der Handrückseite von Josef aufgemalt. Die Hand wird dann umgedreht, und der verschwundene Jesus kommt zum Vorschein! Dann kann der Dialog zwischen Jesus und seiner Mutter Maria erfolgen....

Vorteile:
- hohe Aufmerksamkeit
- aktive Beteiligung
- erzeugt Neugierde, auf das was passiert

ERZÄHLUNG

(Nur die Maria-Hand ist zu sehen.)

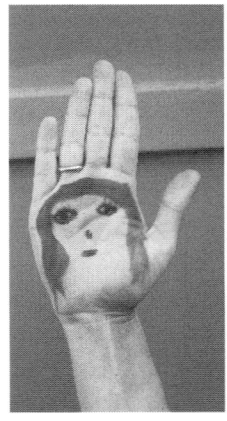

Alle freuen sich schon darauf: Josef, Maria und Jesus. Ein großes Fest wird in der Stadt Jerusalem gefeiert. Und wie jedes Jahr werden sie alle dabei sein. Maria packt gerade noch ein paar Sachen für den Weg nach Jerusalem ein. Dann geht es auch schon los. Viele Leute sind auf den Straßen unterwegs. Jesus läuft mit seinen Freunden voraus. Mal geht er mit ein paar Verwandten; ab und zu taucht er bei seinen Eltern auf. Vor allem dann, wenn er Hunger oder Durst hat. Als Jesus gerade etwas getrunken hat und wieder zu seinen Freunden rennt, denkt Maria so bei sich: „Was ich doch schon für einen großen Jungen habe. 12 Jahre ist er jetzt schon alt. Lang wird es nicht mehr dauern, und er wird ein erwachsener Mann sein...!" Maria ist ganz in Gedanken, als sie in Jerusalem ankommen. Hier ist keine Zeit mehr zum Nachdenken. Hier wird gefeiert. So viele Menschen sind hierhergekommen. Alle sind freundlich zueinander. Viele gehen in den Tempel, um zu beten.
Jesus kennt sich hier aus. Jedes Jahr kommen sie hierher und Jesus gefällt es in der Stadt Jerusalem und vor allem in dem großen Tempel. Er kommt gerne hierher, um zu beten. Das weiß Maria. Und das gefällt ihr. So viel hat sie Jesus schon von Gott erzählt. Sie hat mit ihm gebetet und Lieder mit ihm gesungen. Und sie freut sich, dass Jesus so gerne davon hört.
Maria und Josef bleiben ein paar Tage in Jerusalem. Jeden Abend kommt Jesus zu ihnen und schläft bei seinen Eltern. Tagsüber ist er meist alleine oder mit Freunden unterwegs. Maria und Josef wissen: Jesus kennt sich hier aus!

(Maria- und Josef-Hand sind zu sehen.) 
Als das Fest zu Ende ist, machen sich Maria und Josef auf den Weg nach Hause. Wie so oft ist Jesus nicht bei ihnen. „Wahrscheinlich ist er schon vorausgegangen, oder hüpft da hinten noch mit seinen Freunden rum!", denkt Maria. Jesus kennt den Weg. Sie macht sich keine Sorgen. Jesus, der findet sich schon zurecht.
Kein einziges Mal am Tag kommt Jesus, um etwas zu trinken oder zu essen. Als es Abend wird und Jesus noch immer nicht aufgetaucht ist, wird es Maria plötzlich unheimlich.

(Maria-Hand fragt die Josef-Hand):
„Wo steckt Jesus denn nur?" – „Ach, Maria, du kennst doch Jesus. Der ist sicher bei seinen Freunden. Wahrscheinlich haben sie sich so viel von dem Fest zu erzählen, dass er uns gerade ganz vergessen hat." Es wird schon langsam dunkel. Als Jesus nach einer Stunde immer noch nicht aufgetaucht ist, beginnt auch Josef sich Sorgen zu machen. Maria und Josef fragen die Menschen, die auf dem Weg nach Hause sind: „Habt ihr Jesus gesehen?"

(Hier kommen die geschminkten Hände der Kinder zum Einsatz: Maria- und Josef-Hände fragen die Kinder-Hände)
„Nein, wir haben Jesus nicht gesehen. Den ganzen Tag noch nicht!"
Maria fragt: „Könnt Ihr uns helfen, Jesus zu suchen?
Könnt Ihr alle Leute fragen, die Euch begegnen?"

(Alle Hände „fragen" einander, ob sie Jesus gesehen haben!)
Als sie seine besten Freunde finden, sagen auch diese:
„Jesus, nein, der ist nicht mit uns gegangen!"
Jetzt wissen Maria und Josef, dass Jesus nicht da ist!
Er hat sich wohl nicht mit auf den Heimweg gemacht.
„Ob er noch in Jerusalem ist?!" fragt Josef.
„Wahrscheinlich! Wir werden hier übernachten
und morgen zurückgehen. Wir müssen ihn suchen.
Hauptsache, es ist ihm nichts passiert!"

Am nächsten Tag gehen Maria und Josef den ganzen Weg
nach Jerusalem zurück. Und sie suchen Jesus.
Zuerst denken die beiden: „Wir werden ihn bald finden.
Sicher ist ihm nichts passiert. Alles wird gut werden."
Immer, wenn Maria jemanden auf dem Weg trifft,
fragt sie: „Habt ihr Jesus gesehen?"
*(Hier kommen wieder die geschminkten Hände
der Kinder zum Einsatz:
Maria- und Josef-Hände fragen die Kinder- Hände)*

- „Nein, wir haben Jesus nicht gesehen!" Und Maria fragt immer wieder: „Könnt Ihr uns helfen, Jesus zu suchen? Könnt Ihr alle Leute fragen, die Euch begegnen, ob sie einen 12jährigen Jungen gesehen haben?" (Alle Hände „fragen" einander, ob sie Jesus gesehen haben!)
Aber sie finden Jesus nicht. Maria und Josef machen sich große Sorgen. „Josef, wo könnte der Junge denn stecken? – Hat er sich verlaufen?!" – „Aber Maria, Jesus ist 12 Jahre alt. Der kennt sich doch hier aus. Wie sollte er sich denn verlaufen!" „Vielleicht hat er sich verletzt?!" „Maria, ich weiß es auch nicht. Aber wir müssen einfach weitersuchen, bis wir ihn finden!" Und Maria und Josef suchen Jesus. Als es Abend wird, kommen sie in Jerusalem an. Doch Maria und Josef können kaum Ruhe finden und schlafen. Aber nachts können sie Jesus nicht suchen. Es ist so dunkel in Jerusalem. Das macht keinen Sinn. Also kann es erst am nächsten Tag weitergehen.

Als es Tag wird, suchen Josef und Maria weiter. Immer wieder fragt Maria: „Habt ihr Jesus gesehen?" *(Die geschminkten Josef- und Maria-Hände fragen die Kinder-Hände)* - „Nein, wir haben Jesus nicht gesehen!" Und Maria fragt immer wieder: „Könnt Ihr uns helfen, Jesus zu suchen? Könnt Ihr alle Leute fragen, die Euch begegnen?" *(Alle Hände „fragen" einander, ob sie Jesus gesehen haben!)*

Als Maria und Josef am Abend in den Tempel gehen, hören sie eine Stimme. Diese Stimme kommt ihnen bekannt und vertraut vor. Das muss doch Jesus sein. Aber Maria ist so verzweifelt und traurig, dass sie ihren Ohren nicht traut. Ganz langsam geht sie weiter. Und sie hört, wie jemand spricht, der eine Stimme hat, wie Jesus. Und sie hört genau, dass er den erwachsenen Männern Fragen stellt, Fragen von Gott. Sie hört, wie ein Mann sagt: „Was ist denn das für ein gescheiter Junge? Woher weiß er das alles? Er ist doch noch ein Kind! Wie kann ein Kind so viel von Gott wissen?"

Jetzt aber hat Maria genug. Sie geht auf Jesus zu.

(Die Josef-Hand wird umgedreht!
Da kommt die Jesus-Hand zum Vorschein!)
Drei Tage lang suchte sie ihn. Sie hatte Angst um ihn und hat sich große Sorgen gemacht. Ständig dachte sie, ihm sei etwas passiert. Und jetzt sitzt er hier im Tempel und spricht mit den Menschen.

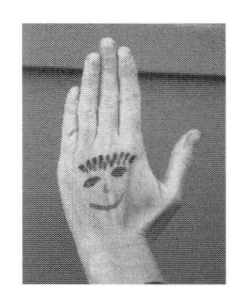

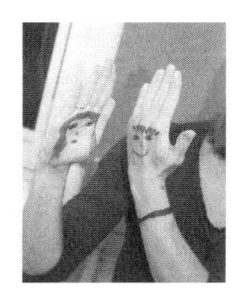

(Die Maria-Hand spricht zur Jesus-Hand):
„Jesus, wie konntest du uns das antun? Hast du denn gar nicht an uns gedacht? Wir haben dich in großer Angst gesucht. Wir haben uns solche Sorgen gemacht. Ich hatte richtige Schmerzen, weil ich dachte, dir wäre etwas Schlimmes passiert."
Und Jesus schaut seine Mutter ganz verwundert an. Er versteht gar nicht richtig, was sie sagt: „Warum habt ihr mich gesucht? Wisst ihr denn nicht, dass ich hier im Haus meines Vaters sein muss? Hier gehöre ich her. Ich gehöre zu Gott."
Aber Maria und Josef verstehen Jesus nicht. Sie haben sich solche Sorgen gemacht. Jesus steht auf und geht mit Josef und Maria aus dem Tempel. Er macht sich mit ihnen auf den Weg nach Hause. Jesus wollte nicht, dass seine Eltern solche Angst um ihn haben müssen. Deshalb gehorchte er jetzt.
Seine Mutter Maria aber konnte nie vergessen, was an diesem Tag geschehen war.

Vertiefungsidee

Versteckspiel:
Ein Kind versteckt sich, die anderen Kinder müssen das verschwundene Kind suchen!
„So war auch Jesus plötzlich mitten unter den vielen Menschen verschwunden!"

Lieder

(zur Melodie von Bruder Jakob):
„Wo ist Jesus, wo ist Jesus, ist er hier, ist er da? Ich kann ihn nicht sehen, ich kann ihn nicht sehen. Er ist weg. Er ist weg!
Wo ist Jesus? Wo ist Jesus? Ist er hier? Ist er da?
Maria kann ihn hören, Maria kann ihn hören. Da ist er! Da ist er!
Wo ist Jesus? Wo ist Jesus? Hier ist er. Hier ist er!
Ja er ist im Tempel, ja er ist im Tempel. Wir sind froh. Wir sind froh."

Guter Vater,
Maria und Josef haben sich sicher
große Sorgen gemacht,
als sie Jesus drei Tage nicht gefunden haben.
Jesus meinte es bestimmt nicht böse,
und trotzdem waren Maria und Josef ganz traurig,
weil Jesus nicht mehr da war.
Auch ich mache manchmal Dinge,
die Mama und Papa traurig machen, so wie Jesus.
Manchmal will ich ein bisschen frech sein,
manchmal meine ich es gar nicht böse
und mache trotzdem etwas falsch.
Aber Mama und Papa werden mich immer lieb haben,
auch wenn sie mich schimpfen müssen.
Darüber bin ich froh!
Danke für Mama und Papa!
Amen!

Die Taufe Jesu

Die Geschichte von der Taufe Jesu bildet den Abschluss in diesem Buch. Sie finden die Ausarbeitung der Geschichte im Band "Der Weg von Ostern nach Pfingsten".

Wenn Sie nun denken, dass die Taufe Jesu nicht mehr in die „Geschichtenreihe der Weihnachtserzählungen" gehört, so erscheint dies auf den ersten Blick tatsächlich so. Denn immerhin geschah die Taufe Jesu ca. 30 Jahre nach seiner Geburt. Entgegen unseren heutigen Bräuchen, die Kinder bereits kurz nach der Geburt taufen zu lassen, geschah dies in früherer Zeit erst im Erwachsenenalter. Aber Jesu Taufe war seine theologische Geburt. Durch die Taufe und die Übersendung des Heiligen Geistes begann das Wirken Jesu. Ich möchte nochmal kurz zitieren, was die Bibel über diese Begebenheit schreibt (Matthäus 3, 16-17)

„Und als Jesus getauft war, stieg er alsbald herauf aus dem Wasser. Und siehe, da tat sich ihm der Himmel auf, und er sah den Geist Gottes wie eine Taube herabfahren und über sich kommen. Und siehe, eine Stimme vom Himmel herab sprach: Dies ist mein lieber Sohn, an dem ich Wohlgefallen habe."

Im Anschluss an diese Begebenheit ging Jesus 40 Tage in die Wüste um zu fasten und zu beten. Danach begann sein öffentliches Wirken. Er berief seine Jünger, er predigte, er heilte, er sprach mit Menschen, er betete zu Gott. Davon berichtet die Bibel. Was all die Jahre zuvor geschah, wissen wir nicht. Bis auf die Geschehnisse rund um seine Geburt und die Erzählung vom 12jährigen Jesus im Tempel, wird davon nichts berichtet. Bei Markus (dem ältesten der Evangelien) beginnen die Aufzeichnungen tatsächlich erst mit der Taufe Jesus. So sehr uns die Geburt eines Kindes berührt, im Falle Jesu war es doch eher seine Taufe, die erkennen hat lassen, dass Jesus Gottes Sohn ist. Gott bekannte sich öffentlich zu ihm und „nannte" ihn „meinen lieben Sohn" und schenkte ihm den Heiligen Geist, der ihm Kraft für sein Wirken und Handeln gab.

Genauso wie Gott sich zu Jesus bei seiner Taufe bekannte, sichert auch er uns zu: „Du bist mein liebes Kind!" „Du gehörst zu mir!" Und weil Jesus durch die Taufe diese Zusicherung erhalten hat, gilt sie auch für uns.

In den christlichen Kirchen wird der Taufe Jesu am Sonntag nach dem 6. Januar gedacht. Also passt dieses Ereignis und diese Geschichte tatsächlich noch wunderbar in diese „Geschichtenreihe".

Weitere Veröffentlichungen der Autorin:

Spannende neue Titel finden Sie unter:
www.didactus.com

Sie haben Interesse an einer Fortbildungsveranstaltung der AutorIn oder würden Sie gerne zu einer Veranstaltung, Lesung,… einladen?

Gerne können Sie direkt Kontakt aufnehmen:

biblisch-kreativ@t-online.de

Weitere interessante Veröffentlichungen finden Sie unter
www.didactus.com

www.didactus.com